ORIGINAL POINT PSYCHOLOGY 沉心理

弗洛伊德眼中的性与爱

眼中的性与爱

《性学三论》解读

迟毓凯 ◎ 著

华龄出版社
HUALING PRESS

图书在版编目（CIP）数据

弗洛伊德眼中的性与爱:《性学三论》解读／迟毓凯著. -- 北京：华龄出版社，2024.5
ISBN 978-7-5169-2699-4

Ⅰ．①弗… Ⅱ．①迟… Ⅲ．①性学－研究 Ⅳ．①C913.14

中国国家版本馆 CIP 数据核字（2024）第014131号

策　　划	颉腾文化		
责任编辑	鲁秀敏	责任印制	李未圻
书　　名	弗洛伊德眼中的性与爱：《性学三论》解读	作　者	迟毓凯
出　　版 发　　行	华龄出版社 HUALING PRESS		
社　　址	北京市东城区安定门外大街甲 57 号	邮　编	100011
发　　行	（010）58122255	传　真	（010）84049572
承　　印	涿州市京南印刷厂		
版　　次	2024 年 5 月第 1 版	印　次	2024 年 5 月第 1 次印刷
规　　格	880mm×1230mm	开　本	1/32
印　　张	7.25	字　数	137 千字
书　　号	ISBN 978-7-5169-2699-4		
定　　价	69.00 元		

推荐序

　　人的起点很重要。弗洛伊德最初是做鱼性腺解剖的，所以做了精神病医师后还是不忘性这个概念，不论发现病人出现什么样的心理症状，他都能联想到性的根源。

　　我们每个人的起源也是性，所以对弗洛伊德的性学理论常常心有所动，只是有人窃喜、有人愤怒、有人偷窥、有人躲避。殊不知，弗洛伊德早就洞见了这一切，他觉得，无论是喜欢还是讨厌，其实性都是你的一部分，否则，怎么会唤起你的情绪？心理学认为，有情绪的地方，必有隐藏的真我。性，常常被隐藏得很深，恰恰也是窥见真我之所。

　　无论你学不学心理学，都有可能去翻翻《性学三论》，只是不一定能看见你想看的东西。但是你既不能对人说你独自看过《性学三论》，感觉深得你心，又不能逢人就说你前后里外都看了，就是看不懂。正是因为性被隐藏得很深，人们常避而不谈，所以这本论性的好书既被奉为经典，又少有人谈及。我的师弟迟毓凯教授可不是这样避而不谈的人。他是那种看过景点后还喜欢做导游的人。

《性学三论》这本书，一般人还真是看不懂，可是，能看懂这本书的人基本上又都是满嘴跑术语，说的话很难懂。迟教授就不同了。他既居于庙堂，在华南师大的学府里讲课，又处于江湖，在线上线下的心理学天地之间自由游走。要讲专业，他可以上九天揽月，下五洋捉鳖；要讲接地气，他可以抑扬褒贬全是故事，嬉笑怒骂皆成文章。

所以，这次他来解读这本《性学三论》，看点就特别多了。

他先是把这本书拆散揉碎，弄出性冲动、性变态、食与色、自恋、择偶、性压抑等主题，简直就是某些平台的禁语合集。不过，能够用一套严肃、科学的理论把这么多概念整合在一起并解释清楚，实在是一件很神奇的事。弗洛伊德做到了，就是牛人。迟教授又能条分缕析地用人人能懂的科学道理解释这些词，把弗洛伊德那些弯弯绕绕的理论给捋直了讲给大家听，也是牛人。

然后他又拓展开来，把书从薄读到厚，以"我注六经"到"六经注我"的勇气深入解读，对当前社会形形色色的涉性话题进行了弗氏或者迟氏的解读。这个很重要。滚滚红尘，涉性的话题总是不断，但是社会上的解读方式不是站在道德制高点上的评判，就是站在文学渲染坊间的臆想，反而缺少客观平视的分析和解读。心理学是个很好的视角，让人们在解读这些话题时依然心境平和、内心中正、有怜有爱、世事洞明、叙事优雅。

纵观人类认识性的历史，每当人们把性当成一件神圣之事时，就是自虐的开始；而每当人们把性当成一件茶余饭后的谈资时，就是堕落的开始。性，其实就是人的本性，无善无恶，无喜无悲。当有一天，所有人都能像迟教授这样大开大合、引经据典、无拘无束、自由自在地谈论性问题时，当讲者无禁忌，听者无邪思，就事论事，不偏不倚时，就是心灵真正解放的开始了。

读本书，心花次第开。让我们期待那个"有一天"的到来。

迟教授是我的老乡，又是我的同门师弟，听他讲话，心有戚戚焉。道理，都是天地间的道理；故事，都是别人家的故事，只有心间那一刻的心领神会和同情共感才是人世间最美好的相遇。

欢迎大家一起来听迟教授讲《性学三论》。他讲的时候，你笑了，我也笑了，也许弗老爷子在天有灵，也笑了，那一刻，我们同在，因为这里有着生命共同的起点。

是为序。

贺岭峰

2024 年 5 月于上海南翔

自序

欢迎来到弗洛伊德性与爱的世界。

从今天起，我将和你一起探秘弗洛伊德的经典著作《性学三论》。

一般来说，世人先知弗洛伊德，然后再读《性学三论》。所以我们也依从人的认知规律，先从了解弗洛伊德开始。

弗洛伊德其人

无疑，弗洛伊德是一个可以用"伟大"一词形容的人，他是一个出生在金牛座的、有着天才头脑和巨大影响力的心理学家。

从常见的心理学史书官方介绍来看，一般会说西格蒙德·弗洛伊德（Sigmund Freud，1856.5.6—1939.9.23），奥地利精神病医师、心理学家、精神分析学派创始人。从专业影响度看，心理学史学家波林认为："如果谁想在今后 300 年里写一部心理学通史而不提弗洛伊德的名字，那就不可能自诩是一部心理学通史了。"从社会影响力看，可以把弗洛伊德看作心理学科在社会生活中的代言人。心理学家黧黑说："如果一个人的伟大程度可以用他对后世的影响来衡量，那么弗洛伊德无疑是最伟大的心理学家。几乎没有哪个探讨人性的问题没被他触及过。他的学说影响了文学、哲学、神学、伦理学、美学、政治学、社会学和流行心理学……弗洛伊德、达尔文和马克思可算是 20 世纪西方思潮的三位先知。"

但是你知道吗，就是这样一位先知人物、史上影响力最大的心理学家，不论在当时还是当下，与科学界的关系却始终磕磕绊绊。今天看来，心理学有两个传统：一个是心理学家冯特建立的科学传统，这一传统以创立、坚持心理学的科学性为荣耀，主要以高校的基础研究者为基本群体，以探讨现象、发现规律为己任，参与社会生活不多。另一个是弗洛伊德开创的临床传统，这一传统直指社会现实，为个体、为社会做出精神诊断，并提供干预方案，这个传统的参与者比较复杂，既有专业的心理研究者，也有医院的精神科医生，还有一些社会上从事相关工作的人。此外，科学传统讲究方法，旨在发现真理；临床传统专注现实，意在解决问题。虽然两个传统都对心理学的发展做出了巨大的贡献，不过，心理学的历史往往是由科学研究者所书写的，所以和许多学科一样，在心理学的全部阵营中，往往出现重科研而轻实践的现象。

作为心理学临床传统的开拓者，弗洛伊德本是大学的研究者，也一直希望按照科学传统做事，希望在学术方面得到承认。1885 年，他因为在失语症方面的卓越研究，被维也纳大学医学院评为讲师，不过由于经济原因，他不得已开了诊所，走上了临床实践的道路，最终成为这个领域的开拓者和引路人。在实践取得显赫成就的同时，弗洛伊德一直希望得到学术界的认可。他虽然忙于临床实践，但笔耕不辍，随着《癔症研究》和《梦的解析》两本跨时代作品的发表，他多次提交高校职称申请，但教授委员会始终不批。直到以"精神病理学"讲师的身份行医 16 年后，他终于在某位病人的帮助下，在维也纳大学医学院获得教授身份，但没有薪水。弗洛伊德，作为一个"货真价实"地影响了社会进程的伟大心理学家，却只是高校里的一个"卑微"无薪讲者！

　　之所以先讲一下弗洛伊德的这段尘封往事，我是想提醒大家：不论是在现实应用还是在心理研究中，从个人来讲，弗洛伊德始终做着科学化的努力，医学专业出身的他的初心是成为一个实验室内的科学家，希望得到科学共同体的肯定，但是多种机缘让他成了临床心理学的先驱和大师，这种身份必须服务于临床实践，以解决问题而不是追求真理为最大价值。当科学的现状不足以解决复杂的现实问题时，他并没有像众多所谓的"科学家"一样，不问现实回到书斋和实验室，而是面对现实，创造了新的研究手段，并最终树立起精神分析的大旗。他的一些理论和假设，在当时和当下，确实有些不符合所谓的科学规范，但是这并不意味着弗洛伊德放弃了对科学的追求。

　　所以，在阅读弗洛伊德作品的时候，我们会发现他的作品文笔优美、逻辑清晰、引经据典，并始终努力地向科学范式靠近；同时，在其作品的字里行间，我们也能看到他对一些批评者的不满和怨念。毕竟，做心理学的临床实践者，太难了；做心理学的思想创新者，难上加难！

《性学三论》其书

关于"性"的探讨是弗洛伊德学说的重要组成部分，也是让他毁誉参半的重要原因。可以说，性是其最擅长的心理学领域。正是弗洛伊德把一些传统视角中难以言说的"性事"演变为公共话题，才促使更多专家关注和研究性，让公众认知和理解性。哲学领域有这样一个说法：如果一个人想成为哲学家，那他就不能绕过康德。同样，这个说法也适用于心理学领域：想研究心理学以及深入地理解人心、人性，就绕不过弗洛伊德。

在弗洛伊德的诸多性学著作中，《性学三论》是每个人必读的名篇。研究弗洛伊德和精神分析必然牵扯到性的内容，而这恰恰是这本书的主题。其价值正如中国社会学家李银河的评论，"一些论点振聋发聩，完全原创，且已经成为经典"。

《性学三论》篇幅不长、内容比较集中，并且写得通俗易懂，是弗洛伊德当之无愧的代表性著作，一经刊出即"满城风雨"，引发大量争议。赞同者认为这是一本天才窥探人性真相之作，反对者则认为是一本大逆不道的宣淫奇谈。尽管褒贬不一，但直到今天，这本书依然影响深远，许多观点已成为现代人两性交往中的信条。

从内容上看，这本书主要论述了关于性的三方面内容：一是性倒错，其实也就是我们常说的性变态；二是幼儿的性；三是青春期的性。很明显，这些内容正是大众感兴趣，但在弗洛伊德之前，一直没有被认真分析和讨论过的内容。弗洛伊德从心理学的角度将这些话题展开，引起大众和学术界的广泛重视，自此广为人知甚至深入人心。

自 1905 年《性学三论》第一版出版起，十几年间，弗洛伊德本人亲自修订过三次，随后多次再版，并被译成英文、中文等多种文字，在世界范围内广泛传播，影响深远。今天，在中文互联网各种心理学图书的排行榜上，《性学三论》是长霸榜单的作品。可以说，学心理学离不开弗洛伊德；学弗洛伊德，离不开其性学观；学性心理学，离不开《性学三论》。所以，你在图书市场上看到的弗洛伊德所著《性爱心理学》《爱情心理学》之类的作品，基本都是在《性学三论》的基础上增加一些相关内容而成的。

在本书中，我也做了同样的安排。虽然仍以解读《性学三论》为名，但内容不仅涵盖最初的三方面内容，而且扩展为弗洛伊德眼中的性与爱心理学了。

公开谈性的必要性

食与性的不同遭遇

在一般人的心中，性和黄色、不洁、变态、犯罪之类是联系在一起的，不能说。甚至有传言说，弗洛伊德的妻子也曾以为他是写黄色书刊的。你看，性学大师的老婆不理解自己老公的工作，这是多么让人尴尬的事！

确实，性是一个羞于人言的话题。其实今天买了《性学三论》阅读的朋友，可能也是背着别人偷偷在看，有种"雪夜闭门读禁书"的窥探愉悦。或者如果其他人发现你在阅读这本书，你也会觉得有些不自然和坦然。总之，在亲密关系中，人们只愿意谈爱，而不愿意谈性。

不过话说回来，正如《礼记·礼运》中所云，"饮食男女，人之大欲存焉"。道理很简单，凡是人的生命，都不离两件大事：食和性，这是人在这个世上最基本的需求和欲望。依据进化论先驱达尔文的学说，人类进化没有什么目的，不外乎生存和繁衍。饮食之事解决生存，男女之事解决繁衍。虽然对于人类的发展，食与性的重要性不言而喻，但是在当下的文明社会中，两者却遭到了不同的待遇。这在互联网上也体现得相当明显。

在各家中文互联网媒体中，关于美食的文字、图像、视频，漫天遍地，源源不断，吃播、探店之类的内容非常受欢迎，《舌尖上的中国》之类的作品风靡大江南北。不瞒大家说，我也是这类内容的拥趸。可以说，对于饮食的欲望、美食的探讨，坊间媒介连篇累牍、不厌其烦。但另一个欲望，性欲呢？似乎却受到不公正的待遇，即使有性的内容，也只是被片面地呈现，在某些阴暗的角落里，被当成"小视频""小黄文"之类，而不能成为公共的热点话题。食与性都是人性的一部分，所受待遇却有如此大的差别，显然是有改进空间的。

当下谈性的必要

社会在不断进步，宽容度也正在逐步提高。笔者认为，在当下中国特定的背景下，谈"性"很必要。这是因为：

首先，即使在当今的文明社会中，中国的性教育依然不足。在整体社会层面上，人们依然对性的话题讳莫如深，不加多言，甚至一些正常的性学著作和学说都被归为黄赌毒之列，这不能不说是一种遗憾。

其次，也是最重要的，每个成长过来的人都知道，性的问题始终是众多年轻人在成长中困惑和需要了解、掌握的问题。而教育不足、资讯不畅导致大量年轻人的性知识来源是有问题的，很多人通过网上的某些爽文、角落里的某些小视频来形成自己的性知识框架。这些内容或许传播了些许的性知识，但更多的是给年轻人造成了人生困扰，甚至影响了正常的工作与生活，引发性生理、性心理的问题，进而干扰了社会秩序和发展。

在这样的背景下，让我们静下心来，坦然而敞亮地共同学习一本性心理学的经典著作，是一件很必要的事。

弗洛伊德的科学性

当然，看到这里仍会有人评论：在现代心理科学中，弗洛伊德其实已经过气，他已经成为当代心理学背景板上的人物了，这时候读他的书，还有必要吗？

回答是肯定的。

首先，能够知道关于弗洛伊德的争议，说明你是一个对心理学科有所了解的人，我会为你点赞。确实，弗洛伊德的一些观点，包括性学的某些观点，距离今天的研究结论有些距离，甚至已经证明是错误的，比如关于"童年性侵害"的某些观念等。还有一些观点，受限于当下的科学检验手段难以证实或证伪，比如阴茎嫉妒、阉割焦虑，等等。

但是，不能证伪的观点未必是没有创见和没有价值的。不能证伪只能说明无法用当下的科学方法做出验证，不能因为无法谈其对错，就判断其无用。科学和有用不是等价的两件事，人世间离不开科学理论，同样离不开实践和实用。

其次，弗洛伊德并不仅是心理学家。作为影响世界的思想家，其思想在诸多社会科学领域中一直传播着，并影响至今。时至今日，在我们所看到的各类性与爱的文学影视作品中，弗洛伊德的思想和观念常常被引用或"致敬"，精神分析的理论从诞生那天起，就是艺术家们的心头好，它影响着我们的观念、审美和生活。我们不能因为弗洛伊德的某些观点的科学性尚未确认，就质疑其思想的价值。

1993 年美国《时代周刊》曾发表过封面文章，题为"弗洛伊德死了吗？"（Is Freud Dead？），其认为弗洛伊德的精神分析彻底改变了 20 世纪人类的心灵世界，迄今为止，争议众多，但影响巨大。无独有偶，2017 年美国《纽约客》又发表了一篇关于弗洛伊德的文章，题为"弗洛伊德又活过来了吗？"（Why Freud Survives？），同样认为虽然弗洛伊德屡遭责难，但现代社会依然离不开他。不论如何，像弗洛伊德这样在心理学界影响巨大的人物，其作品在当下仍是值得我们展卷研习的。

顺便说一下：有阅读经验的人都知道，与其阅读四平八稳的平庸之作，不如阅读偏激可爱、瑕瑜互见、振聋发聩的作品，这更让人醍醐灌顶，有所收获。

私家解读的缘起与目标

有人曾问我：读书毕竟是私事，一千个人眼中有一千个哈姆雷特。《性学三论》你读、我读、大家读，每个人都有自己的想法。你自己读就好了，为何还要写成书呢？

这就需要谈谈《性学三论》这本书的特别之处了：

其一，这本书虽然内容很有意思，但对普通人来说阅读体验不一定很好。虽然弗洛伊德本身思想好、文笔佳，曾经被诺贝尔文学奖提名，也是德国最高文学奖"歌德奖"的获得者。但是由于弗洛伊德用德语写作，他的许多作品，包括这部《性学三论》，往往是德语、英语、汉语等，各种语言不停地转译，有些表达比较艰深晦涩。同时因为弗洛伊德有很多原创性思想，自己造了很多专用名词，比如"力比多""倒错""降格"等，即使用规范的中文表达出来，许多人仍旧不知所云。所以，阅读还需要解读。

在这个强调轻松阅读的时代，作为大学的一名心理学研究者，我会尽量帮你梳理这本书的原始意义，帮你掌握《性学三论》的基本内涵。当然，我不会像语文教学那样说文解字、逐篇逐句讲解，而是在梳理这本书的核心观点的基础上，围绕一些关键概念，聚焦一些有现实意义的问题，讨论其背后的弗洛伊德式剖析与理解。本书不但重视对弗洛伊德观念的讲解，而且重视其观念对于现实问题的意义。同时，在此基础上，我们还会拓展开来，把《性学三论》中一些真知灼见的来龙去脉，以及发展演化的历程介绍清楚，让你有更深入的了解。

其二，如前面所探讨的，这本书的内容是精华与糟粕并存的。其中一些观点，比如问题的普遍性、性冲动如何理解等，充满了真知灼见；但另外一些理念，如女人的性嫉妒、性虐待理论等，也带有一些偏见，不加辨别的话，这些过时的、有争议的解释会残害我们的思想。所以，《性学三论》中的诸多论述好在哪里，不好在哪里，一般的读者需要有引路人。

在心理学的学习中，我个人认为有个比较危险的现象：有的人喜欢某位心理学家，觉得对方说出了自己的心声，便不自觉地把对方所有的话当成至理名言甚至人生信条，就从理解、相信演变为迷信了。尤其遇到弗洛伊德这样自信的、有些"霸道总裁"作风的大师，难免会将其话语当作圣旨。我会在本书中尽量对弗洛伊德的远见和偏见做一些分离性的操作，让你更容易搞清楚每个观点、概念的适用条件，进而恰当地理解和应用。

其三，《性学三论》开创了一些新鲜的、极具创造力的话题。弗洛伊德在这本书中的观点引发了后来大量的研究，比如幼儿的性与人格的发展、恋母情结等。那么在这本书之后，这些话题又有哪些新的研究与进展？当下的主流心理学又是如何看待这些问题的？这些非常重要。和哲学不同，作为一门科学的心理学始终在进步，弗洛伊德所谈的话题在心理学内部也一直在演化，如果没人给予解释的话，我们对性学的理解只能停留在弗洛伊德那个时代了。

所以在解读这本书时，我会结合弗洛伊德的性爱观所涉及的话题，包括性少数族群问题、性发展问题、性爱关系问题等，尽量梳理出当下心理科学界对这些问题的研究和观点，尤其会结合近期的相关研究，让你了解它们在认知心理学、进化心理学以及脑科学领域的发展现状，既能看到弗洛伊德始终存在着的影响力，又能看到科学性心理发展的当下与未来。

比如书中谈到恋母情结的问题。在传统认知上，我们会认为这种情结很难用科学验证，是个伪命题。但是《自然》杂志曾报道过这样一个实验：研究人员为一只小山羊和一只小绵羊（两只都是公的）交换母亲，让小山羊由绵羊妈妈抚养，小绵羊则由山羊妈妈抚养。研究的问题是，待这两只公羊成熟后，喜欢与什么样的母羊交配呢？结果发现，小山羊长大后喜欢母绵羊，小绵羊长大后则喜欢母山羊。在这里，你可以看到，这项研究其实是间接支持了弗洛伊德的恋母情结概念，即最初的母爱决定了最后的性偏好。

此外，在解读这本书时，我尽量做到趣味性与科学性并存，有理、有据、有趣。虽是私家解读，错漏难免，但我会尽量提供更多的专业背景介绍，相关文献基本都有出处（请直接扫描封面勒口上的"二维码"），满足你深入阅读和继续学习的需要。

正如当年美国民间的反战宣言"要做爱，不要作战"（Make love, not war），在这个瞬息万变的时代，不论是年轻人还是老年人，谈情说爱，性福满满，同样是为世界的美好与幸福做了贡献。

愿你跟随我的解读，深入掌握性与爱的秘密，通晓情与理的关系，享受丰富多彩、性（兴）致勃勃的人生！这正是本书的目的所在。

CONTENTS

目录

第十四章 禁忌之恋：爱与肉欲真的能结合吗 / 139

没有爱的性是一种空虚体验，但它是所有空虚体验中最棒的那一种。

第十五章 降格行为：上床之后，态度变了 / 152

暗恋的女神为什么最后不能成为生活中的好伴侣？

第十六章 羞耻：为什么一谈性就感觉不自然 / 161

愚蠢的第一个迹象是完全没有羞耻感。

第一章
力比多：你的原始能量

人的心理问题都是性冲动的结果吗？

力比多是什么

弗洛伊德是一个决定论者

在弗洛伊德的精神分析理论中，力比多（libido）是一个核心概念。力比多在某些《性学三论》的译本中译为原欲、性原、性力、性本能或直接性欲等，不一而足。它也是引领我们认知弗洛伊德性爱观的基础。需要注意的是，在《性学三论》的第一章中，弗洛伊德首先提到这个概念。这章是这本书最重要的一章，是理解弗洛伊德性爱观的关键。在《性学三论》成书之后，弗洛伊德曾进行数次修订，但他从未改动过第一章，可见力比多的重要性。

那么，如何理解力比多这一概念呢？

我们首先从弗洛伊德的科学信仰谈起。弗洛伊德是一个决定论者。决定论认为，人类置身于一个由稳定的因果关系构成的网络当中，这种因果关系层层追溯下去，可以回到宇宙大爆炸的那一刻。许多伟大的科学家都是决定论者，在物理学领域，牛顿和爱因斯坦都是支持决定论的。牛顿用几条定律和公式就把宇宙的运行规律给划定了，而爱因斯坦更伟大，用一个公式 $E=mc^2$ 就解释了更广阔的宇宙的运行规律。如果宇宙运行依照的是确定的规律，那么万事万物一开始就是注定的。

当然，许多人觉得决定论没有什么特别。对于这种看法，我们中国人一般容易理解，因为在我们民族的历史中，确实就有"宿命论"的观念。佛教凡事必有因果的思想深入人心，人人都会说"没有无缘无故的爱，也没有无缘无故的恨"，决定论还有什么好讨论的？

有。在哲学上，与决定论相对应的观念是"自由意志"。从历史上看，自由意志的观点并非一无是处。许多时候，我们有大部分人相信每个人的命运并不是生来就固定的，我们也可以是自己命运的主宰，这不仅是一种与自信有关的观点，更多的是源于自然科学提示出了世界的不确定性。比如，混沌理论告诉我们，复杂系统难以进行长期预测。微小的偏差会导致预测结果的不确定性。最初的失之毫厘，不久之后就谬之千里了，而且复杂系统的不确定性是随机的。决定论的基础是数学化和测量，而生活是一种复杂系统，难以数学化，测不准也无法预测，所以确定性定律能否适用于这种复杂系统是说不清的。

再比如，量子力学等学科的出现，对传统的经典力学造成了冲击。构成物体的东西，也就是原子，并不遵循所谓的普遍运动规律，原子的世界并非决定论的世界。牛顿定律对宏观世界起作用，但预测不了微观世界的运行状态，即便预测也没有确定性。也就是说，决定论在物理学领域本身已经受到质疑，岌岌可危。

因此到目前为止，很难说自由意志与决定论谁占有了绝对的优势。但是一般来说，或者主动，或者被动，科学家从事研究工作需要从两种思想中选一种，并采纳这种思想作为自己研究的基础。

让我们回到弗洛伊德和心理学：弗洛伊德是一个精神决定论者，从当时的科学信仰出发，他必须寻找到人类心理行为最初的一个动因。在他看来，既然自然和社会中发生的一切事物都定有其因，那么人的全部行为都是由愿望、动机、意图等精神因素决定的。由此追根溯源，弗洛伊德提出了力比多的概念。

力比多不仅仅是一种"性饥渴"

现在我们具体谈一谈力比多。中文的力比多一词，是英文 libido 的直译，其英文来自拉丁语，拉丁词源为 libet，原意为"快乐、淫荡"。那么，弗洛伊德把这个词作为重要概念引入精神分析，他的基本观念是什么？在《性学三论》中，他开篇就谈到了这个词的重要意义。

首先，他用生物学概念作类比。在生物学中，人们常用"性欲"（geschlechtstriebs）来形容人和动物的真实存在的生理需求。"性欲"可以类比于"食欲"，这个大家都容易理解，"食色，性也"嘛。我们知道食欲由什么引发的吗？是"饥饿感"。那么追根溯源，与此相对应，性欲由什么引发？"性欲"对应的就是"力比多"，这是欲望的原始冲动，所以某些中文学者将其翻译成"原欲"，有其道理，但不够充分。力比多不是欲望本身，它是一种"性饥渴"的驱动力，象征着与性冲动相关的生理本能或者精神能量，这是力比多最初的也是在《性学三论》中比较明确的定义。

然而，在这里需要注意的是，在弗洛伊德的精神分析理论中，即使在《性学三论》中，性也不仅仅指生殖意义上的性，而是包含一切身体器官的快感。因此，力比多并不仅仅在于生殖上的"性饥渴"，它是一种本能，是一种力量，是人的心理现象发生的驱动力。而且随着研究的深入，弗洛伊德进一步认为力比多是一个载体，其指向与投注到哪里，人们就会产生精神上的吸引，就会注意到哪里。力比多投注到内部，就是自恋；投注到他人，就是他恋；投注到物体，就是恋物；投注到文学创作，就是升华……当然，如果力比多投注到不合适的地方，可能会产生所谓的性倒错等一系列问题，引发身心疾病。这些内容，我们会在后面讲。

1920 年，弗洛伊德在其《超越快乐原则》中写道：

"我们所说的性本能力比多，相当于诗人和哲学家眼中的那种使一切有生命的事物聚合在一起的爱的本能。"

而在 1921 年《集体心理学和自我的分析》中又写道：

"力比多是从情绪理论中借用来的一个词，我们用它来称呼那种包含爱这个词下的所有东西有关本能的能量。"

在弗洛伊德不断扩展力比多概念的同时，其他心理学家也对这一概念进行了解读。比如，分析心理学创始人荣格在与弗洛伊德分道扬镳之后，虽然也用弗洛伊德提出的力比多这一概念，但他是在更广泛的意义上使用这个词。荣格认为，力比多是一种普遍的未分化的精神能量，而不单单只是性能量。力比多有多种多样的表现形式。在儿童早期，力比多表现为能增强身体的摄取营养的本能，随着身体的发育，越来越多的身体器官加入进来，力比多的活动领域也越来越广。荣格最开始是承认力比多的一个决定性和极端重要的活动领域就是性欲，但他随后把营养功能等概念也加入进来，称力比多在性欲领域的首要表现就是与营养功能有着密切的关系。最后，他又把人的所有努力、需求以及饥饿，都包含进这个概念。自此，力比多涵盖了人这个物种的所有生命过程。

所以在当下精神分析以及心理学的讨论中，力比多的概念往往超越了最初弗洛伊德在《性学三论》中的类似"性饥渴"

的解释，成为更广泛的本能驱动力的代名词，是人的心理行为的能量来源。

力比多决定你的人生

我们可以这样理解弗洛伊德的力比多：它是本我的一部分，是所有行为的驱动力，以性能量为核心，包含了所有的精神能量。

那么力比多这种以性能量为核心的精神能量有多强大？在哪里能得到体现呢？后文会一一给你展现。在这里，我们可以从另外的角度，比如在中华文化、一个人的成长中，看出这种力量的存在。

你知道中国四大民间故事吗？《牛郎织女》《天仙配》《白蛇传》《梁山伯与祝英台》。四大流传甚广的经典，内容不一，但有着同样一个主题：爱情。这是为什么呢？

从某种意义上说，民间流传的经典，就是人们内心潜意识的反映。其所记载的，正是人们无意间流露出来的人性中最深层的东西，即基本本能。在这四大传说故事中，爱情故事背后无疑都是性本能、力比多驱动的结果；"不约而同"的爱情经典，也是力比多学说最好的注脚。牛郎织女，一个穷苦的牛郎偷窥织女洗浴，无非是求能娶到美貌的织女；天仙配，不论是神仙还是民众，追求的都是彼此恩爱；白蛇传，即使人兽之间，也是难以割舍的情与爱；梁山伯与祝英台，最后死了也要化作蝴蝶，双宿双飞……

在文化创作中，我们也能发现，一个人在没有经历爱情滋润时，往往会陷入性苦闷，此时的力比多无处投注，个体往往会感到无尽痛苦，即使是伟人也是如此。

比如有人分析了鲁迅的爱情与文学创作的关系。研究发现，在鲁迅遇到许广平之前，也就是没有爱情滋润的时候，他的力比多投注到写作之中，我们在历史中看到一个孤独、痛苦、敏锐、深刻，并不时透出些许绝望神情，凌乱的头发下有着一双可以看透历史和人心的锐利的眼睛，略显冷漠的外表下有着一颗滚烫的心的鲁迅。当然，我们也有幸读到了《呐喊》《彷徨》这样开创中国现代小说先河的里程碑式的作品。但是在与许广平结合之后，力比多投注在爱情生活中，鲁迅的写作除了常规的杂文之外，其他文体已经鲜有作品问世了。

人们常说"苦闷出诗人"，为什么会这样呢？用弗洛伊德的观点来解释，就是当一个人的力比多找不到正常发泄渠道时，或是出现变态，或是进行升华。创作就是一种升华。力比多无罪，它所指向和投注的不同方向，形成了我们的个人选择、人生百态。

力比多的哲学"爸爸"

那么，你或许会问，弗洛伊德为什么凭空造出这样一个概念呢？其实并不是凭空。至少在哲学基础上，我们可以从许多先贤的著述中找到答案。弗洛伊德1920年5月在维也纳为《性学三论》写的第四版序言中提到自己对这一概念的传承。

在反驳人们对精神分析"泛性论"的批判中，弗洛伊德解释说：

"其实很久以前，哲学家叔本华就曾指出：性冲动决定人们的行为和追求——他所说的性冲动难道就不是我们一般意义上理解的性冲动吗？全世界的人不可能一下子把这番发人深省的警示忘得一干二净！"

在哲学家叔本华的理论体系中，有一个概念和力比多类似，就是所谓的"生命意志"。用叔本华的说法，这是自在之物，是不可遏制的、盲目的生命冲动，有着无尽的能量。在这里，生命意志是一种精神力量，是不理性的，是人类保存自己生命的欲望。

另外，在序言结尾，弗洛伊德又提到了柏拉图：

"那些高高在上、对精神分析指手画脚的人，都应该回想一下精神分析所扩展的性学观念，与圣人柏拉图所说的'爱'何其相似。"

在这里，柏拉图所说的"爱"，英文是 eros，音译"爱若斯"或"厄洛斯"，在古希腊有两种含义：爱欲和爱神。在爱神之外，原意指任何强烈的欲望，包括食欲，但更通常指爱恋。这是一种强烈欲求的情感和行为，尤其指性爱方面的情感和行为。

从这里看，不论是叔本华的生命意志（will），还是柏拉图的厄洛斯（eros），都与弗洛伊德的力比多（libido）相似，是包含性爱但又不局限于性爱的一种生命的本能力量。从这里，我们可以看到力比多这个概念的哲学传承——源自柏拉图、叔本华，也是向他们致敬。

其实从这里扩展开去，许多哲学家在探讨人类的精神生活时，往往都会提出一个比较抽象的、涵盖性比较强的概念，然后进行延展，形成自己的理论体系。这也是传统哲学家讨论问题的一个基本思路。哲学史上总有这样一些代称，如叔本华的意志、柏拉图的厄洛斯、弗洛伊德的力比多，也包括亚里士多德的根基（ὁρμή）、老子的道、孔子的仁……

所谓一生二，二生三，三生万物，从弗洛伊德的角度来看，力比多正是在不停地投注和演化中，形成了我们人类心理的各种现象与情结。

力比多其实很科学

然而，力比多这一概念的提出遭到过学术界的批判。一些人批判的理由很简单：像力比多这种概念，和当年叔本华的"生命意志"、柏拉图的"爱"一样，更多的是一种思辨上的内容，看不到，摸不着，无法测量辨别真伪，只能是一种哲学思考，不具备科学特性。

还真是这样。弗洛伊德本人是医学、生物学出身，在其学术生涯早期进行的是神经科学研究，是知道科学对于其理论的意义的。虽然力比多的概念有一些哲学的味道，看似科学证据不足，然而令人赞赏的是，他本人对用更多的科学范式来检验自己的理论，始终持有相当开放的态度：

"如果已经能够用生理或者化学的术语取代心理学术语，可能会弥补我们观念的不足……生物学确实是具有无限可能的领域，我们可以期待它能给我们提供最令人振奋的信息，却无法猜测它在几十年后会对我们提出的问题给出什么答案。"

弗洛伊德的这段话表达得很清楚，即如果可能，欢迎各种科学研究来验证我的理论。当然，后来的科学研究者也不客气，"前仆后继"地展开了对力比多以及性的驱动力理论的验证工作。

事实表明，在当下的基于功能性核磁共振的神经心理学研究中，弗洛伊德的一些性学观念是可以和一些现代的性学研究相呼应的，比如，弗洛伊德认为的力比多是一种"数量上的可变的驱动力"的观点，可能与某些神经元的放电率相关。再比如，关于催产素的研究表明，它与性唤醒、浪漫关系以及亲子关系密切相连，而这是否与弗洛伊德所说的力比多是一种前面所说的"数量上的可变的驱动力"相关呢？是否可以理解为，催产素就是力比多的生物指标？可以说，现代神经生物学有大量的研究支持了弗洛伊德力比多理论的某些构想，而新的研究也可以从弗洛伊德看似古老的理论中找到发展方向。

第二章
性对象：柏拉图之恋与弗洛伊德之恋

如何理解行走边缘的爱情？

每个人或多或少都有点性变态吗？

耽美剧到底美不美

近些年社会上有个现象，"耽美剧"流行。"耽美"这个词来源于日本，原指"沉溺于美好的事物"，而今在日本或我国，多用来形容以女性读者为预设受众、以女性情感欲望为导向、主要表现美男子之间的爱情故事。比如国内一些电视剧，尤其是网剧就表现了男性之间的情谊，这些剧很受一些女孩子的欢迎，甚至形成一种流行，出现了所谓的喜欢男男之恋的"腐女"群体。

这种事在许多人看来莫名其妙，两个男人之间的恋情不是同性恋吗？还值得宣传？还受欢迎？没有天理啊！

那么，为什么那么多女孩子喜欢看这个东西呢？从心理学上说，因为它契合了女性情感、审美、关系等方面的诉求。在耽美的影像世界，两个美男子惺惺相惜、并肩前行，既契合了女性心目中情感关系的理想模式，又形成了广阔的情感留白，为女性天马行空的想象提供了发挥空间。这样的情感少了很多现实利益的考量，显得更加纯粹。由于人物都是男性，女性观众看剧时不会过多地代入自身，产生"我喜欢的男主角宠爱女主角"的挫败感，反而可以超然地站在旁边观看欣赏，获得"我喜欢的两个男主角相互扶持"的幸福感。

描述男男之恋到耽美剧受到一些女性的追捧，也受到了一些传统道德捍卫者的谴责，他们认为，耽美这种性少数群体的恋情，明显是一种畸形审美与宣传的结果。有追捧，有打压，正本清源，我们必须弄清楚一个问题，我们应当如何看待同性之恋，如何理解这种行走边缘的爱情？

同性恋与柏拉图之恋

同性之恋得到赞美，追根溯源，可以从著名的柏拉图之恋说起。在很多年轻人的心中，柏拉图之恋说的是一种纯纯的精神爱恋，一男一女因各种原因难以结合，便相互约定，我们的肉身不接触，但能进行柏拉图之恋，进行纯精神上的交流。那么在柏拉图心目中，理想爱情是我们常说的"柏拉图之恋"的样子吗？

　　柏拉图之恋，也称为苏格拉底之恋，是柏拉图在《会饮篇》的对话录中借用自己的老师苏格拉底的口说出来的。《会饮篇》从字面意义上也能看出，就是一些哲学大家聚会，喝了几杯，气氛热闹了，大家高谈阔论爱情的真意，说了人们在当下也耳熟能详的许多观点，如爱就是美啊，爱就是寻找另一半自己啊，等等。当然，压轴的是苏格拉底的发言，其实就是柏拉图的观点，我这里简单介绍一下：

　　爱一个人，是想得到幸福，爱只是企图占有幸福的一种方式，但拥有幸福往往是短暂的。所以为了永远拥有幸福，人类需要生殖和繁衍。而这里的生殖和繁衍不仅仅包括生理上的繁衍，即生育后代，也包括精神的繁衍，如诗人创作的诗歌、政治家创作的法律，以及一些应该人人拥有的美德等。而这种精神的繁衍，也就是灵魂的生育，是一种理性的爱的结果，相对于生理上的生育，是更重要、更加美好和不朽的。

　　总而言之，柏拉图认为生理上的受孕和生殖可以使人类接续生存，但只有精神的恋爱才能达到真正的不朽。在爱的过程中，人们既可以是肉体上的爱，也可以是精神上的爱，两相比较，柏拉图更崇尚精神上的爱慕，提倡一种超越性别、年龄、时间和空间的恋爱，男女不重要，年龄不重要，时间和空间都不重要。

　　可以说，在柏拉图的观念中，普通男女的卿卿我我没什么了不起，一个睿智的成熟男和一个懵懂的少年男的交往更为伟大，因为普通男女可能仅仅是生理上的生育，两个直男的思想交流更可能牵扯到灵魂的生育和繁衍。正因为这样，柏拉图之恋既有精神恋爱的内涵，但同时也有男男之恋的意义在。这个概念包含同性恋，但不仅仅是同性恋。

弗洛伊德说同性之恋

弗洛伊德的"性倒错"观

那么，相对于爱炒男男CP（男男couple）的"腐女"，以及推崇男男之恋的柏拉图，弗洛伊德对同性之恋持什么态度呢？

不同于先贤柏拉图的赞美，当然也不同于社会上卫道士们的诅咒，弗洛伊德对于同性恋的观念用中国社会学家李银河老师的评价，是"观念超过了许多同时代的人"。

至于弗洛伊德是怎样超越的，是否真的超越了，我们先看看弗洛伊德的具体观念：

弗洛伊德关于同性恋的观念是在他的整体性学学说之下的。在《性学三论》开篇中，弗洛伊德在力比多之外，又提出了性对象与性目标的概念。所谓性对象，指的是性吸引力来源的人，我们的性冲动指向的人；而性目标，则指性冲动所竭力达成的行为，我们的力比多流向所在。

从这个角度来解释同性恋，只是一种性对象的变化，用弗洛伊德的话讲，是一种"性倒错"，就是字面的意思，性对象发生了变化。有些人完全性倒错，性对象只有同性人群；也有些人在某些特定情境下发生这种现象；还有的人雌雄同体，爱男也爱女。

在弗洛伊德看来，性倒错很常见，一些有极高心智和道德文化成就的人也可能出现这种现象，没什么特别的。性倒错者常常表现为双性特征，而从进化的角度看，人类就是从雌雄同体的生物转化而来的，性倒错其实是性冲动正常发展受到阻碍的结果。换言之，同性恋有人类遗传进化的原因，也是性冲动在某些条件下受到阻碍，性对象发生偏移而导致的现象。尤其重要的是，弗洛伊德认为：

> "过去我们将性冲动和性对象之间的关系设想得过于紧密了。通过对那些反常案例的研究，我们意识到在性冲动和性对象之间存在着某种阻碍……事实上，性冲动可能与性对象无关，也可能并不是对来自性对象的刺激的应和。"

在这里，很重要的一点是，弗洛伊德把性冲动和性对象进行了清晰的区分，而不再混为一谈。而人们常会忽视这一点，把性冲动和性对象混在一起，认为男人的性冲动必然是女性，而女人的性冲动必然是男性。弗洛伊德认为，甚至在柏拉图之恋中，性冲动、原欲、爱欲、力比多是主要的讨论对象，而性对象并不是重点。社会学家李银河对这一观点也表示赞同：

"古人更重视性冲动本身，今人更重视性对象。在古希腊，性欲就是一团不可分割的冲动，需要宣泄，男女不重要。"

因此，同性之恋不是罪，性倒错不是错，同性恋不值得宣扬，但也不必要谈虎色变，尊重每个人自己的性冲动的发生和发展，而不必总是因性少数族群莫名惊诧，大加鞭挞。尽管这是弗洛伊德在 100 多年前的观点，但也超越了我们当下的许多人。

至于同性恋的成因，弗洛伊德则认为，3 ~ 5 岁的儿童时期是人类性心理发展过程中的关键期，在此阶段，幼儿会对异性家长产生本能的性欲渴求，同时对同性家长产生敌对感，即恋母 / 恋父情结。如果能够顺利度过这一时期，那么个体的性取向就能正常发展；否则个体容易形成性倒错，也就是同性恋。

弗洛伊德的回信

其实，不仅在理论上，弗洛伊德论证了同性恋的合理性，而且在实际生活中，他亲自为同性恋者发声。曾经有一位母亲发现孩子是同性恋，然后忧心忡忡找他帮助，弗洛伊德写信给她：

"我从您的信中得知您儿子是同性恋。让我印象深刻的是，在讲述这件事时，您自己却没有用到这个字。我可以请教您为什么要避免这个字眼吗？当然，同性恋并不是一项优势，但也没有到让人羞愧的地步，它既不是罪恶，亦不能称作一种疾病；

我们将之视为一种性功能偏差，它因为特定性发展过程的停滞而造成。

"古今曾有许多贤者都是同性恋，其中不少人还是伟大的男性（柏拉图、米开朗琪罗、达·芬奇等）。把同性恋者当犯人一样地迫害是相当不公平的，也是泯灭人性的。如果您不相信我，请阅读霭理士（Havelock Ellis）的书。

"如果您想要我帮忙，我猜，您是希望消除同性恋，让孩子变成正常的异性恋。我的答案是：通常，我们不能做到这件事。

"精神分析能为您儿子提供的，是另一种生活方式。如果他不快乐、神经紧张、内心冲突强烈、社交退缩，精神分析或许能为他提供平静和谐。不论他是同性恋，还是异性恋。"

"恐同即深柜"：同性恋现象很有趣

神经科学的新证据

弗洛伊德为性少数族群正名之后，现在已经过去 100 多年了，那么今天科学界对同性恋是什么态度呢？

首先，同性恋自古以来就是人类社会存在的一种现象，延绵至今而不绝。在《人类男性性行为》和《人类女性性行为》调查报告中，金赛（Kinsey）指出，绝对型男同性恋者占 4%，绝对型女同性恋者占 3%；德国的施内贝尔（Schnebel）在 20世纪 70 年代的调查也发现，绝对型同性恋者可能占人口总数的

3% ~ 4%，这一结果与金赛的调查结果基本一致。

其次，学术界对同性恋的态度改变只是近些年的事。虽然弗洛伊德很早就用性倒错的术语来叙述同性恋不是变态，但在学术界，美国心理学会（APA）直到 1987 年，才在《精神障碍诊断与统计手册》（DSM）中删除了同性恋病症；而世界卫生组织则直到 1992 年，才彻底将同性恋非病化，承认同性恋是一种可以理解的性取向，不是变态。

再次，随着科学发展，有证据表明，同性恋与异性恋一样，也是性取向的一种，其本质仅仅是由大脑决定的众多特征之一。神经心理学家迪克·斯瓦伯在《我即我脑》一书中清楚表明，说社会环境能导致一个人的性取向改变其实并没有证据，而同时有证据显示，同性恋者的大脑结构与异性恋者的确实不同，而且这种不同是在胎儿时期就已经固定的。换言之，一个人的性取向是与生俱来的，只是因为社会压力等原因，许多人对自己原初的性取向意识较晚，或不敢公开。

最后，有些人认为性取向会受到后天环境的影响，比如周围有同性恋，便被影响为同性恋，这种观点也是错误的。如果同性恋因环境影响而成，那它一定也可以通过环境影响转变。然而，在同性恋被看作一种疾病的时期，人们曾尝试用各种方式"治疗"同性恋，想扭转其性取向，但无论是激素治疗、精神分析，还是行为纠正等，无一例外都失败了。

这些失败也终于使人们认识到，对于同性恋，以及另外一些性少数族群，公众需要做的是理解与尊重，而不是歧视与治疗。

进化心理学的同性恋观

谈到心理学对于同性恋的理解，还有一个很有意思的方向是进化心理学。可以说，怎样理解同性恋一直是进化心理学这一学科的梦魇。因为进化心理学的基础就是人类之目的在于生存与繁衍，而同性恋，至少从生物层面，这种性取向明显不准备繁衍了，人类进化出同性恋这个族群没什么意义啊？

进化心理学人苦心钻研、皓首穷经，终于列出了几种进化心理学的同性恋取向学说，都很有意思。

一是亲缘利他理论。这种理论认为，虽然同性恋者因为性取向的原因，不能与异性结合而亲自把自己的基因传递下去，但是他与自己的家人、亲属共享基因，这样，他可以通过各种方式，在亲属成员身上增加投入，比如对自己姐妹的孩子好，因为姐妹的孩子，他的外甥（女）也携带他的基因，外甥（女）生存繁衍得好，他的基因也就传递下去了。这样，用专业的话讲，一个好大舅的操作产生了繁衍收益，就补偿了他放弃自己繁殖所带来的损失，同性恋的基因也因此得以进化遗传了。有些研究发现，在男同性恋身上，确实存在明显的"第二父亲"效应，男同性恋者确实对外甥和侄子比一般男性做得要好，他们会更多地帮助亲属照看孩子、买玩具、资助上学等。然而，也有研究发现，同性恋与好大舅之间没什么关系，所以亲缘利他理论只是部分得到证实。

二是女性多产理论。有研究者认为，同性恋基因附着在 X 性染色体上，而携带该基因的女性生殖能力更强。因为 X 染色体存在于女性体内的概率是男性的两倍，如果携带这种基因，生了男生变成同性恋，生殖数量则降低，但是生了女孩则生殖能力变强，一样可以弥补男同性恋不生殖带来的损失。确实研究也发现，与男异性恋相比，男同性恋的姐妹具有更多后代，因此同性恋基因虽然不利于男性的基因传递，但有利于女性的生殖成功。你可以看看周边的同性恋，验证一下：他的姐妹们是不是容易多生多育呢？总之，当前研究表明，男同性恋的特点就是亲戚多，"牺牲了我一个，遗传更多人"，这正是同性恋基因带来的结果。

三是父母操纵理论。从父母的角度来看，他们会关注后代对自己基因的遗传作用，但究竟是哪个孩子传递了自己的基因并没有那么重要，只要自己的基因传递下去了，就千秋万载，永续生命了。因此，父母可能会减少某个后代的生育机会，将其培养成同性取向，作为家族内抚养孩子的助手，并把有限资源分配给生殖能力更强的子女身上，以实现自己的基因遗传效益最大化。比如说，一对夫妻生了很多儿子，可能会把后面的儿子养成同性恋，然后让他帮助哥哥们去支持侄子侄女们的成长，作为父母，他们的基因就这样更好地传递下去了。研究发现，确实男同性恋比女同性恋和男异性恋有更多的哥哥，而且，男同性恋的出生顺序往往靠后。统计表明，有15%左右的同性恋取向是由出生顺序导致的，每多一个哥哥，弟弟有同性恋取向的概率就增加33%；哥哥越多，男同性恋的女性特质就越明显。

"恐同"即"深柜"

虽然从柏拉图到弗洛伊德，到近期的脑科学与进化心理学的研究，都对同性恋做出了可理解的说明，但在社会层面，仍有一些人对同性恋现象保持负面评价、深恶痛绝，认为同性恋是病，得治。而在这时，又出现了一个很有意思的现象："恐同即深柜"。这是中文互联网关于同性恋的一句非常流行的说法，意思是那些强烈憎恶、恐惧同性恋的人，"恐同"者，往往可能是不敢公开自己同性恋身份的性少数，即"深柜"。

如美国共和党的一位前议员，在职期间多次投票反对同性婚姻，反对性少数族群服兵役，竟然后来宣布自己本身就是同性恋；另一位更有名的是美国同性恋治疗中心的创始人，同性恋的矫正大师，一辈子的主要工作就是反对和治疗同性恋，竟然最后也宣布自己"出柜"。

为什么会出现"恐同即深柜"的现象呢？这恰恰可以用到弗洛伊德防御机制理论中的"反向作用"来解释。弗洛伊德认为，当一个人的自我受到超我的"威胁"而引起强烈的罪恶感时，比如某位同性恋者有同性相恋的性取向需要，但是在观念上却赞同同性恋是病、是罪、是见不得人的丑事，他自然会感到焦虑，并有罪恶感。那么，如何来排解这种焦虑呢？他往往会通过某种歪曲现实的方式来保护自我，这些保护方式，弗洛伊德称为"防御机制"。

对否认同性恋但自身又是同性恋的个体而言，处理焦虑的一种形式就是反向作用，即个人通过采取一种与自己初心完全相反的行动来控制内心的焦虑。我是同性恋，又不认同，怎么办？在公众面前强烈反对同性恋，比一般人表现得更积极、更强烈，这样，内心焦虑就缓解了，换句话说，人们会按照与"无意识欲望"（同性恋）相反的方式（恐同）行动，就可以躲开可怕的念头或欲望了。而反过来说，极端恐惧和厌恶同性恋的人，恰恰可能本身就是同性恋，用赵丽蓉老师的小品中的话讲，"放屁瞅别人，就是你放的"，也就形成了"恐同即深柜"的现象。

你看，弗洛伊德的理论不仅解释了同性恋的形成，连拒绝承认同性恋的心态也分析得头头是道，所以谈论性，还是离不开弗洛伊德啊。

第三章
性目标：遍布全身的性感带

亲吻不具备生殖意义，但人们喜欢。

我们的性目标可能会转移至全身，甚至更远。

鲁迅为什么要在日记里写"濯足"

大作家鲁迅有写日记的习惯，把生活中的一些琐事都写在日记上——日常生活起居，衣食住行吃喝拉撒，基本是生活流水账。不过研究鲁迅的人近期对他日记中所记载的一件事产生了兴趣，即"濯足"。濯足：濯，洗涤的意思；足就是脚；濯足，通俗点说，就是"洗脚"。鲁迅会时不时在日记中记载一下自己晚上洗了脚，上午洗了脚之类的，但这有什么特别的意义吗？毕竟在我们学习鲁迅课文的时候，他的任何话语都能分析出深刻的意义。所以就大家就开始分析鲁迅洗脚了，结果有人认为，鲁迅这里记载的濯足，不是洗脚那么简单，而是性生活的暗语。换句话说，鲁迅白天晚上要进行性生活了，大作家要记录一下，但这个事不好直接写在日记上，便用"濯足"来暗指。

当然，也有人不同意，这种说法且不说是否贬低了我们的伟大作家，这样的发现也有些恶趣味，甚至有人通过统计鲁迅"洗脚"的次数来论证，说洗脚暗指性生活不可能，如把鲁迅洗脚的次数平均一下，平均每年只有 3.3 次，若洗脚是指代性生活，这频率就有点不靠谱。不过，如果洗脚真的只是洗脚，那么鲁迅的个人卫生又真令人担忧啊？

在这里，我们并不是想对鲁迅日记中洗脚的真相进行考察，我们更感兴趣的是：为什么人们会把"洗脚"和性生活这件事联系在一起？脚是我们行走的器官，而性行为相关的是性器官啊？两者因何联系，又是怎么联系在一起的？在性器官之外，还有哪些部位会成为人们的性目标？我们要从弗洛伊德的性目标论谈起。

全身皆是爱：弗洛伊德的性目标论

全身性感带

弗洛伊德认为，我们选择男人或者女人作为性对象，而在同一对象身上，又具有不同的性目标。当然，最通常的性目标就是性器官。在两性欢愉的性行为中，彼此的性器官相互结合，紧张感得以消除，性冲动得到满足。这种感觉类似于一个饥饿的人吃了顿大饼卷牛肉，碳水炸弹之后意乱神迷。有意思的是，曾有一位单身的女演员，没有爱情经历却要去演爱情电影，怎么办呢？她想的办法就是把对爱情的渴望想象成想吃一顿大餐，还真演出了一个少女的恋爱感觉。我们也常用食物或味觉来比拟爱情，比如酸酸甜甜的初恋感。

将性生活类比于美食的话，我们就可以发现，如同享受美食的过程不仅仅是闭着眼睛吃就满足了，还得讲究色香味。我们爱美食，不仅爱它的营养，更受其色香味的吸引；同样，在性冲动释放的过程中，我们的目标不仅在性器官本身，还存在着性器交和之外的动作的目标，比如说亲吻的嘴唇。

在弗洛伊德的观念中，亲吻是性交之外的动作，通过的是嘴唇。虽然从生物学意义上来看，嘴唇是消化道的一部分，本身并不是性器官，也不具有生殖的意义，但是亲吻这种人之间的触碰形式，却具有高度的性含义。那么由此扩展开来，一个人对其性对象的评价，超越了性器官，可以扩展到嘴唇、胳臂、胸脯、面颊……直至覆盖全身。"情人眼里出西施"，人的性感带是可以遍布全身的。

而且在有些时候，这些性器官之外的部分更可能成为人们所钟爱的部位。我国香港影星周润发在电影《纵横四海》中，有一段赞美钟楚红所饰演的红豆妹妹的台词：

"你看，在水边的红豆，鹅蛋形的脸蛋，哇塞，修长的上半身，那下半身就不必说喽。你甜起来呢，会甜死人的，你是一个非常非常会生养的优良品种。"

在这里，脸蛋、上半身、下半身、笑容……都成了人们所关注的目标，当然，最后一句也隐含着与孕育相关的身体部位。

总之，我们指向性对象的性冲动，其目标不一定只局限在性器官，身体的其他部位也有了性用途。比如，从亲吻转变到了口交、肛交，这些有人喜欢、有人厌恶的身体部位也形成了一些人独特的性偏好。人们对性对象遍布全身的喜爱，用弗洛伊德的话讲，是完全占有性对象的表现。

从红唇到玉足

既然性感带可以遍及全身，那么会不会有些人在成长过程中，由于遗传或者环境的原因，形成独特的非常规的性目标呢？当然有，比如许多男性对女人的偏爱，往往是偏爱包含着性的含义的各种部位。和红唇一样，女人的玉足也是很多男人重要的性目标。

在过去的某些年代中，中国男性对女性的"三寸金莲"小脚非常偏爱，甚至出现了女性缠足的文化，这种陋习几乎形成了当初中国粗鄙文化的一部分。在《金瓶梅》这本古今第一奇书中，就以"金莲"名塑造了一个中国文学史上的经典形象。其实，潘金莲不是她的大名，而是她的小名。书中不仅以鞋为其命名，而且还描写潘金莲"一径把一对小金莲故露出来，勾引浮浪子弟"，而西门庆"蹲下去，且不拾箸，便去她绣鞋上只一捏……"在这里，金莲与小脚无不充满着性意味。可见，脚，尤其是小脚，也是嘴唇之外的性冲动的重要目标。

其实对于女性小脚的喜欢不是我们东方所独有的文化，西方人对此也有偏爱。著名的灰姑娘的故事，基本围绕着"失鞋—寻鞋—得鞋"的情节展开。故事中最重要的道具是一双水晶鞋，其中的隐喻是谁能穿上这双鞋，谁便能得到爱情的祝福。结果如我们所愿，其他的女子脚太大，恨不得"削足适履"，却也穿不上这双鞋，而善良的灰姑娘，正是因为一双小脚，最终找到了如意郎君。在这里，灰姑娘的故事其实也是女性因为小脚满足了男人的择偶需要的故事，小脚在西方的文化中也是受男性偏爱的，只不过没有东方文化更强调罢了。

脚之所以会成为男性的性目标，从心理学的观点看，是因为脚小的女性走路若杨柳摆腰，更会显著体现出其第二性征，产生一种美感，并激发男性保护女性的欲望，带来性吸引，甚至脚或鞋本身都成为性目标的一部分或直接的性目标。其实，古代的缠足和今天女性的高跟鞋都一样，这样的设置影响了女性的行走，但它们共同的功能是都能让女性的脚看起来更小，走路不稳的神态让人产生一种保护欲和性兴奋。

女性的脚和鞋总是奇特地、强烈地与浪漫和性连在一起。

你不知道的亲吻科学

说完玉足，我们再回到红唇。毕竟相比对脚的偏爱，人们力比多的性目标更普遍集中于两片烈焰红唇，人们常沉迷其间不能自拔。两性的嘴唇相碰，我们俗称的亲吻这一动作是许多爱情故事中描述不尽的爱情象征。在弗洛伊德的理论中，谈的是亲吻可以成为性目标，但这一目标是怎么形成的、为什么嘴唇成为性与爱须臾不可缺少的一部分，弗洛伊德在书中并没有更多讨论。这里，我们可以用现代心理科学的相关研究，给大家作一些介绍。

亲吻的进化心理学

确实，如弗洛伊德所说，嘴唇作为消化道的一部分，和人类生殖繁衍并没必要直接的关系，但是，亲吻在人类生活中很明显是一种常见现象。传统的观念中大约90%以上的伴侣都会彼此口对口亲吻，不过近期的一些研究也发现，普遍性没有我们想象的大。在有些文化中，比如在中美洲、南非洲的某些文化里，浪漫关系的人并不经常接吻。世界上只在接近一半的（46%）文化内，人们喜欢因为浪漫关系而接吻。

关于亲吻的起源，一个传统的心理学的观点，其实也是弗洛伊德的思路，认为它起源于儿童早期母亲以嘴对嘴的方式喂孩子食物。这就像婴儿时候吮吸母亲乳汁的动作演变为成年男性的吸烟动作一样。很早的时候，我们从母亲的口中获得食物；到我们长大的时候，我们用类似早年"食物接力"的方式，来表达我们对亲密爱人的认可和关爱。

而生物学中关于接吻起源的研究则很有趣。研究者认为，亲吻尤其是亲密关系中的"湿吻"是一种共享微生物的过程。在每个人的口腔里，都存在不同的微生物群落，口对口的深吻使得双方的微生物彼此共享，有利于促进彼此个体身体对于一些微生物疾病的适应。一个女子，通过接吻，就可以从男子口中得到一些有益的微生物，产生适应性，从而增强免疫力。与此同时，接吻可以改善副交感神经系统，并向大脑发送信号，所以能让我们缓解压力，放松下来。甚至研究者认为可以借此降低胆固醇，所以，吻一吻，更健康。当然，这里有一个问题。近一半的文化中不轻易接吻，是因为他们不需要这种好处吗？其实接吻是个双刃剑，口腔卫生习惯不好的话，接吻反过来会助长疾病的传播。热吻10秒中，交换的细菌高达8000万个，所以还是要谨慎一些。那么这里是不是在越文明、越讲卫生的文化中，接吻越普遍呢？我这里没有答案。

美国心理学者近期以上千名大学生为研究对象，对亲吻的心理意义做了更为细致的调查。他们总结认为，人们之所以亲吻，是因为可以完成三种功能。

首先，通过亲吻，我们可以进行伙伴评估。亲吻中，我们彼此很近，可以感受到对方的呼吸、对方的味道、对方的唇部温度等。这些了解有助于我们更知晓对方的认知和情感的变化。

其次，通过亲吻，我们可以增进彼此的情感联络。打个极端的比方，如果你爱的人吃了大蒜，满嘴气味，而你却不顾危险与之亲吻，肯定会增进彼此的好感。亲吻本来就是一件冒险的事，因为我们不知道对方是否是危险的有病之躯。如果我们义无反顾地实施了亲吻，那么增进彼此感情就是自然的事了。

最后，亲吻也是一种性刺激的方式，男性更可能利用这种方式来诱惑对方，进而增加做爱的机会。

一吻定情的脑科学证据

一个善良笨拙的女生，赶路时一不小心与一个高大帅气的男生撞到了一起，而且碰撞那一刻两个人还意外接了吻。从此，他们开始了一段曲折跌宕的恋爱，并最终走到了一起，这是日本电视剧《一吻定情》的基本剧情。这个故事也曾被我国台湾、大陆多次翻拍，一吻定情也成了许多少男少女心中经典和美好的爱情的体现。无疑，亲吻很重要，那么一吻之后，真的能定下终身吗？

首先，可以确定的是，亲吻会诱发生理上的快感。接吻会引发从舌、唇、面部肌肉和皮肤到脑的一连串神经冲动。数十亿个神经连接将信息传达到身体各处，产生化学信号，改变我们的感觉。一个热吻能够触发神经递质多巴胺的释放——多巴胺与渴求和欲望的感觉相关联。素有"爱情激素"之称的催产素则促使我们产生亲密感和依恋感。肾上腺素加快了心律，让我们开始发汗，身体开始期待之后发生点什么。而"应激激素"皮质醇的水平下降，则减少了我们的不安。于是乎，接吻的人血管舒张，呼吸加深，面颊绯红，脉搏变快，获得难忘的愉悦体验。

其次，接吻在诱发神经生理反应之外，还会诱发人们的心理变化。一个上千人的大样本调查发现，许多人有过这样的经历，对于曾经令自己着迷的异性，在与对方亲吻之后，自己就会感觉兴趣全无，感觉对方不再是自己的白马王子，不爱了。进化心理学家盖洛普认为，虽然让人们彼此相爱的因素有很多，但接吻，尤其是人们的初吻，会引起人们的心理发生变化，会影响关系的走向。接吻是进化而来的求爱仪式的一部分，当两个人接吻时，会发生丰富而复杂的信息交换，涉及化学、触觉和姿势线索。如果两者基因不相容，这可能会激活某种进化机制，阻止这两个个体进一步交往和繁殖。

从这个意义上说，一个吻确实足以让一对情侣确认今后的发展方向：走向婚姻或者分道扬镳。

再次，研究也发现，相对于男性，接吻对于女性会更为重要一些。在整个亲密关系之中，相对于男性，女性不管在性爱之前还是在性爱之后，其实都把亲吻看得更为重要。对大部分女性而言，接吻频率与关系满意度成正相关。同时，女性不仅更重视接吻，而且大多数女性都不会在没有接吻的情况下进行性行为。女性比男性更有可能在性接触前坚持接吻，并且更有可能强调在性接触期间和之后接吻的重要性。相比之下，男性表示他们很乐意在不接吻的情况下发生性关系，尤其对一些寻求短期关系的男性而言，吻并没有那么重要，只要同意发生性关系就可以了。

最后，还有的研究有一些有趣的发现：

- 一般而言，对大部分女性来说，有吻不一定有性，但有性之前必须有吻。
- 当女性第一次亲吻男性时，并不认为自己是发出了一个要更进一步亲近的信号；但当男士得到女士香吻时，却认为可以采取更为亲密的行动。
- 在亲吻的时候，男性比女性更期待一个深深的"湿吻"。因为有研究表明，女性呼吸会随月经周期而改变，男性对"湿吻"的期待有可能是下意识地探究对方是否处于一个生理和情感的合适时期。

贾宝玉为什么要吃胭脂

根据弗洛伊德的观念，性冲动指向的目标可以是性器官，但不仅仅局限于性器官；人们的性目标可以是红唇，也可以是玉足，我们的性感带遍及全身。贾宝玉吃胭脂可能是浓浓的性暗示。不过在这里，贾宝玉吃胭脂是真实的爱好，还是借着这种活动，来和女孩子玩亲亲的小游戏，我们不得而知。

如果贾宝玉就是单纯地喜欢吃胭脂，并且能够在吃胭脂的过程中得到性满足，性冲动得以释放，那么其性目标就走出了作为具体人的性对象，来到了更广阔的空间。换句话说，就是形成了心理上的性变态：恋物癖。那么，恋物癖有什么特点，弗洛伊德及其后来者又是如何解释这种现象的？我们接下来讲一下。

第四章
恋物：汝弃之敝屣，我爱之仙女

儿时的性印象，对成年后崇拜物的选择有深远的影响。

内衣失窃事件

笔者当年在念研究生的时候，有一次回宿舍楼，看到一位女生在门口的布告栏上贴了个告示，大家边围观边窃窃私语。过去一看，原来是近期经常有窃贼在女生宿舍游荡，别的物品没丢，女士内衣却接二连三丢失，搞得女生们很火大。就是这位女生实在受不了了，便发告示警告和诅咒这个偷衣贼。看着布告上义愤填膺的用语，坦白讲，我当时是有些不解的。不就是丢了个内衣吗，至于这么愤怒吗？后来结婚后明白了，原来女士内衣往往超贵，丢了是真心痛。

当然，听到了女生的呼吁，学校也重视起来。保安们倾巢出动，蹲坑蹲点，终于把窃贼抓获了，原来是一名工地民工。后来，宿舍门卫也贴出了公告，意思是说，告诉各位女生一个好消息，偷女士内衣者已经被他们抓获，有丢失者，请到保卫处认领，云云。不知道是否有人去认领自己的内衣。当然，这也不是我们关心的内容，我们之所以讲这个案例，是因为作为心理学人更关心的是：窃贼为什么别的不偷，专偷这种不顶吃、不顶用的内衣呢？当一种行为如果不是为了满足物质需要，那么便可能是为了满足一种特定的心理需要，我们或可以用一个心理学概念来解释这个现象——恋物癖。

恋物癖究竟是不是病

从拜物教到恋物癖

说到"恋物癖"，人们一般会想到影视剧里的"变态"。当然，也有人和我一样，在生活中也遇到过或听说过这样的人，他们有着偏离常态的爱好，对异性的内衣、胸罩、鞋之类的感兴趣，甚至其中胆子大的还伺机窃取阳台晾晒的女性衣物，等等。现代社会商业发达，甚至有些这方面的人把爱好发展到了互联网。在某些万能的购物平台上，一些角落就存在着"原味内衣"之类的交易。

作为普通人，人们会在潜意识里觉得这是一群"变态"，不大理解他们怎么会有这样的偏好？那么，心理学是如何解释这种人的恋物行为，甚至恋物癖的呢？

在心理学中，恋物癖（fetishism）作为对一种特定的性心理倒错的解释，是源于 1888 年法国心理学家比纳（Binet）的提法——对，这个比纳就是最终以《比纳－西蒙智力测验》成名的心理学家比纳。他最初的研究热情在咨询与治疗方面，主题在变态和催眠之类，但后来他研究催眠出了问题，便去搞心理测量了。延续了比纳对恋物癖感兴趣的心理学家，就是弗洛伊德。弗洛伊德在《性学三论》以及后来的《精神分析新论》等论著中，多次提及恋物癖的问题，他对此的理解也影响了许多后来的精神分析研究者。

当然，这里还有一件有意思的事，和弗洛伊德同样作为影响世界的犹太人，马克思也提到过 fetishism 这个概念。不过，在马克思的概念中，主要用这个词来批判人们对某些商品的过度高估，评价偏离了物质属性与交换功能。如口红的基本功能是美化，背包的基本功能是装载，但一些女孩却对某一色号的口红、某一品牌的包包顶礼膜拜，没有则垂心丧气，有则意气风发。所以，马克思所说的 fetishim 在中文语境中一般翻译为"拜物教"或"拜物主义"。

而在弗洛伊德这里，这个概念被引入到心理学中，作为性倒错的一种类型，翻译成中文，就是今天我们要谈的"恋物癖"。所以，在这里有一个小知识点，哲学中的拜物教和心理学中的恋物癖在英文里是同一个词：fetishim。

那么，在心理学中的恋物癖具体是什么意思呢？它属于性偏差的一种类型，主要是对一种本来与性无关的物体或者躯体的某部分，如内衣、足部，本来与直接的性行为无关，却引出了性兴奋。在这里，很重要的一点是，如果一个人只是喜欢内衣，喜欢玉足，欣赏且把玩，那么并不一定是恋物癖；但这些迷恋之物能够唤醒或者激发性欲，就是恋物癖。

恋物癖：从常态到病态

一听到恋物癖是病，一些人往往会过来对号入座：对，我就是恋物癖。我天天手机不离身，须臾不可分离，我就是典型的"手机恋物癖"。

手机不离身，香烟不离手，不穿名牌不出屋，这些都不能说是心理学意义上的"恋物癖"。手机不离身，是一种信息依赖；香烟不离手，是一种物质成瘾；而浑身名牌，或是拜物教或是虚荣心在作怪。

心理学上的"恋物癖"，首先是"恋"，一般与性有关，所以常常发生在两性之间；其次是"物"，性幻想、性冲动或性行为指向非生殖器官；最后是"癖"，在医学的诊断标准中，至少六个月内常常表现出这种状态，而不是偶尔为之。

一般的两性交往中的"爱屋及乌"并不能称为恋物癖，比如，在歌手辛晓琪的代表作《味道》中，谈及了恋爱的女性对对方的思念：

思念苦无药

无处可逃

想念你的笑

想念你的外套

想念你白色袜子

和你身上的味道

我想念你的吻

和手指淡淡烟草味道

记忆中曾被爱的味道

无独有偶，弗洛伊德在《性学三论》中也直接引用了《浮士德》的句子：

"从她胸口的围巾和吊袜带中，我都能感受到爱情的乐趣。"

在这里，虽然这里的情感也指向了袜子、外套、烟草、围巾、吊袜带，但这只是一种艺术上的指代，更多体现的是被一个人"爱的味道"和"爱的乐趣"，重点还在于人，而不是物。不能因为唱这样一首歌、说这样一句话就是恋物了。但是，如果一双袜子就勾起了性欲，就引发了高潮，这种表现就有"恋物癖"的"意味"了。

其实，爱情中的"爱屋及乌"与性心理障碍中的"恋物癖"之间是有一些明显的界限的：

其一，我们因为爱一个人而愿意与之接吻没有问题，但愿意接吻并不意味着喜欢咀嚼对方的牙刷，嘴唇和牙刷虽然都含有口腔分泌物，但我们不会把自己的性冲动聚焦于对方用过的牙刷。

其二，从欣赏女性的高跟鞋到把玩其玉足，最后生殖器的接触，两性交和，这里虽然看似有一些性之外的多余动作，但基本是一个正常的性爱过程。不过，如果有些人面对活生生的人，没有了性之欲望，只对某些物品或非性器官的部位产生欲望，比如，没办法与正常的性对象产生性交行为，但面对异性的一双鞋才能宣泄冲动，这就是一种病态的恋物癖了。

其三，疾病背后往往有羞于人言的经历，恋物癖背后肯定会有心灵的痛苦。天天对外宣言"我恋物"之类的往往没有问题，真正的恋物癖往往在社会交往、职业生涯方面存在一些缺陷，难以解决并痛苦不堪。

其四，喜欢异性服装并穿上获得性满足这是易装癖不是恋物障碍，喜欢某种性玩具并通过其促进性满足也不是恋物癖。

不恰当的性对象是恋物癖

弗洛伊德的恋物癖观

弗洛伊德对于恋物癖是怎么看的呢？在《性学三论》中，谈到性目标的转换时，弗洛伊德认为是性对象的不恰当替换形成了恋物癖。

首先，力比多指向性对象，一个人对性对象的评价不仅局限于性器官，而是会遍布全身，正如"情人眼里出西施"所讲，他会对性对象产生高估的现象，随后会将性器官之外的其他身体部位也发展成性目标。

其次，有些人在高估性对象之后，却盲目放弃原初的性目标，把一些替代品变成了新的性目标。通俗地说，一个人过于爱一个人，将其奉若神明（高估），但觉得求之不得，便退而求其次，将与其相关联的事物作为其替代品，唤醒与发泄性冲动。例如一个卑微的男士爱慕一个女士，但觉得自己配不上女士，便找她的内衣来发泄。

最后，性对象的替代品常常表现在两个方面：一是和直接性活动无关的身体部位，如足部、头发，等等；二是与性行为发生相关联的物品，如内衣、高跟鞋等。而且弗洛伊德认为，这种替代其实与原始社会中的圣物崇拜是相似的，人们之所以对某些物品崇拜，是因为把其作为了某种神明的替代品，就像内衣成了女性的替代品一样。在这里，仔细对比，我们会发现弗洛伊德的恋物癖和马克思的拜物教还是有些相同之处的，都是一种病态，都表现为对普通物品意义的高估。一个男士对女士内衣膜拜而产生性冲动，是弗洛伊德所说的恋物癖；一个女士对 LV 皮包的过分门崇拜，"不买就活不下去"，是马克思所说的拜物教。

虽然弗洛伊德认为恋物癖出现的理由很正常，但是，如果一旦对替代物的追求完全脱离了特定的性对象，转向独立的目标，恋物癖就成了一种病态。比如在恋物癖案例中常见的偷内衣者的情形，具体内衣的拥有者是谁并不重要，这就从性冲动的偏差变成了病态的性倒错。

至于恋物癖的形成原因，弗洛伊德提到了早期经验的影响。他认为，在儿童5~6岁之间，在所恋之物出现之前的记忆中，存在着一段被压抑和遗忘的性发展经历，它隐藏于崇拜物之后，而崇拜物就代表了它所有的残迹。如一个人在儿童时期爱上一个女性，而这个女性爱穿高跟鞋，那么这个人在成年之后，对高跟鞋可能就会有特别的爱。这可能来源于其早期对性对象的印象的一部分。他一看到高跟鞋，潜意识中就回到了童年的性经验中。

当时在《性学三论》中，弗洛伊德对恋物癖的成因探讨还比较简略。在35年后，即1940年的《精神分析新论》中，他更详细地谈到了恋物癖的原因。弗洛伊德认为，在早期经验中，男性发现女性没有阳具，觉得有些恐惧，因为他认为这女性或许是被阉割了，自己的阳具虽然还在，但有被阉割的危险，于是产生阉割焦虑。因此，他不愿承认女性没有阳具这样一个事实，但他事实上真的没有看到啊，那怎么办呢？他就拿女性身体的一部分或者某一物体去替代，替代物或者是看到女性生殖器那一刻所看到的某物（如她的脚），或者是能适当地作为阳具的象征性替代物的某种事物（如她的内衣）。因此，从这里说，恋物的根源在于男性的阉割焦虑，他们看到女性没有阳具，但又拒绝承认这一事实，所以形成了"自我分裂"，换句话说，有恋物癖的人从没有做到过自我与外部现实世界的完全分离。

恋物癖：精神分析的贡献与局限

可以说，弗洛伊德对恋物癖的观点是充满创意与想象力的，他的一些观点，如对恋物癖的描述，已经成了当下精神障碍分析诊断的重要依据。如在权威的《精神障碍诊断与统计手册（第五版）》（DSM-5）中，性心理障碍词条下的"恋物癖"就基本沿用了弗洛伊德的观点。比如，恋物癖的表现是性幻想、性冲动或性行为聚焦于非生殖器的身体部位或无生命物体，常见的恋物对象包括内衣、鞋袜等。

不过，弗洛伊德对于恋物癖男性的阉割焦虑来源的说法并没有得到支持，反对的证据也很简单：虽然恋物癖的大部分患者是男性，但是女性也有恋物癖。所以，关于恋物癖是由于男性的阉割焦虑导致"自我分裂"的观点只能是弗洛伊德的一种奇思妙想了，很有创造力，但基本不正确。

有意思的是，当前的一些研究发现，恋物癖者或因恋物而偷窃女士内衣的人虽然出现了性心理障碍，有了一些行为偏差表现，但他们往往还不是什么道德败坏的人。比如关于大学生恋物行为的考察就表明：从个性特点来说，有恋物行为的大学生平时多老实、腼腆、偏内向，学习成绩较好，他们与异性交往不多，对异性尊重，甚至胆怯，从不或者很少与同伴开有关性的玩笑，以及很少主动谈论性的话题，因而在人们的心目中，他们往往是一些好学生。然而这些人也常表现出更强烈的性寂寞感、性压抑感和性欲望，与社会规范、内心信念的思想冲突也更明显，对性冲动、性问题表现出更多的不适应，对自己的性角色和性功能的自信程度更低。

可以说，这些表现与弗洛伊德所谈论的一些观点是吻合的。恋物癖者高估性对象，同时对自己的性能力有所担忧，这促使其去寻找一些在其看来更安全、更方便的性行为方式或对象，于是便把力比多指向了异性的某些象征物。女性的内裤、乳罩之类的物品最具有女性性器官的象征意义，因而就很容易成为恋物者的恋物对象。他们凭借自己的性想象，赋予这些无生命的物品以性的内容，一旦性的象征物成了性的替代物，与性的满足结合起来，他们就属于是做出了所谓的恋物倒错行为。

当然，弗洛伊德对性心理障碍的解释不仅仅局限在恋物癖，在《性学三论》第一部分性变态总论中，清楚表明：

"力比多就像一条滔滔不绝的河流，一旦主河床行不通，便只得在干涸的支流那儿寻求捷径。"

性变态的出现并非偶然，大多数精神病患者都是因为在青春期之后性生活受挫而发病的，有些人的力比多无法通过正常的渠道得到疏解，累积到一定程度就诱发了疾病。在恋物癖的案例中，一些大学生正处在性需求的旺盛期，但现实条件的限制导致其欲望无法得到满足，力比多在主河道无法自由流淌，就偏离了正轨，流进了支流，产生了恋物等系列性偏差的问题。有一些人症状较为轻微，一旦谈婚论嫁，常规的性与爱情便可以促使其回归正常；但也有一些人，即使有了正常的婚姻生活，这种特异的偏好也保留了下来。

既然欲求得不到满足，便可能将一个人引向旁路，那么每个人都或多或少有点"性变态"就是一种普通的现象了。因为我们每个人在成长过程中，都会有欲求不足、力比多难以排解的情况，所以从这个意义上说，弗洛伊德对包括恋物癖在内的性倒错者表达了充分的理解，认为心理问题常常源自性冲动，甚至在《性学三论》中，他更进一步断言：

"性冲动是精神病唯一的、持续的，也是最为重要的力量源泉。"

可以说，弗洛伊德关于恋物癖及其精神障碍病因的探讨有其独到和发人深省之处，也得到了诸多咨询案例和现代研究的证实。当然，弗洛伊德关于恋物癖源于阉割焦虑的说法并没有得到现代医学证明，然而也确实有一些案例表明，恋物癖的形成或与童年的某些经验有关。在这里只能说，弗洛伊德指出了恋物癖成因的一个有益的方向——童年，但是在这其中，回到童年找到阉割焦虑当作原因是一个虚幻的错误。

生活中的恋物癖

借助于互联网，国外研究者调查了网上一些团体的恋物癖表现，结果发现：网上的恋物癖群组主要表现在对身体部分及其相关物品的性偏好。这其中，在身体部分，脚的性偏好最为集中，占47%；其次是其他部位或成分，如体液（血、尿等），还有头发、肌肉等；而对于与身体相关的物品的偏好，多集中腿、臀、足的周围，如内衣、丝袜、脚饰、裙子等，这可以占到物品类偏好总量的64%，对外套、项链之类偏好的并不多。

不过也可以说，迄今为止，对恋物癖的科学研究依然是不充分的。关于恋物癖，甚至关于所有性心理障碍的发病率和患病率，国内外都很少见到相关报道。是性变态在我们身边很少见吗？实际情况可能并非如此，这方面科学研究的缺乏主要因为获取数据的困难：恋物癖患者很少会主动求医。尤其在我们这样一个崇尚礼教的国度里，性偏好异常往往被公众看作"变态"，因此这些人除非是其配偶、家长的督促，或者癖好演变成了恶性，比如偷窃内衣，最终被抓获披露，才可能来就医，成为研究对象。

在我们的感觉中，恋物癖似乎都是偷盗内衣狂。其实，在淘宝咸鱼的那些障碍患者，已经通过另外的形式获得了性满足，就少有求医和公开的现象了。因此，关于恋物癖的研究多是个案研究，往往不成规模，但也有一些通常的规律性的发现。

比如，常见的情景多是青春懵懂时期的孩子生理需求旺盛，但因为社会压力的原因难以从正确渠道获得正确的性知识和性满足，不能直接进行性接触，便以异性的衣物来作为临时的异性替代物，通过观赏抚摸或者自慰，来获得性兴奋和性满足；而这种恋物行为，可能会最终发展成真正的恋物癖，也可能随着真实的婚恋生活而消失，最后回归正常。

当然，某些偶发因素也可能促成恋物癖的形成。如一个青春期的男孩子，受人肢体上的欺负，而欺侮者恰恰穿了一双漂亮的运动鞋，青春期的易发的性冲动、肢体的接触、漂亮的运动鞋的组合，在他那里产生了一种奇妙的混合，再加上并不愉快的孤独的青春岁月，最终让他形成了一种对特别的鞋的依恋，恋物癖。

不过，也有些研究表明了大脑异常可能会诱发性心理障碍，如有颅脑外伤后导致恋物癖的病例，国外也有报告颞叶癫痫伴发恋物癖的个案。不过总体而言，从弗洛伊德时代到现在，关于恋物癖的科学研究发现是不够充分的。

第五章
虐恋：如何理解"抖M"的世界

在性欲世界中，最高尚的和最低贱的总是相距最近：
"从天堂经过人间再入地狱。"

一鞭子的爱情

西部歌王王洛宾当年去青海拍电影，在与当地民众联欢时看上了17岁的女孩萨耶卓玛，便找各种机会与她在一起。两人独处时，卓玛受不了王洛宾赤裸、灼热的眼神，就用牧羊鞭打了王洛宾一鞭子，结果王洛宾彻底爱上了卓玛，并写出了那首脍炙人口的歌曲《在那遥远的地方》：

在那遥远的地方

有位好姑娘

人们走过了她的帐房

都要回头留恋地张望

她那粉红的笑脸

好像红太阳

她那美丽动人的眼睛

好像晚上明媚的月亮

我愿抛弃了财产

跟她去放羊

每天看着她动人的眼睛

和那美丽金边的衣裳

我愿做一只小羊

坐在她身旁

我愿她拿着细细的皮鞭

不断轻轻打在我身上

我愿她拿着细细的皮鞭

不断轻轻打在我身上

歌王王洛宾的爱情故事确实让人神往，但我们今天要讨论的是，为什么年轻姑娘抽了他一鞭子，却导致他更为炽热的爱？他不应该因为疼痛而回避吗？同时，为什么我们大家也都喜欢这样的一首歌？难道我们内心深处都有一些渴望挨鞭子的受虐倾向吗？

打是亲、骂是爱：弗洛伊德的虐恋观

可以说，王洛宾对牧羊少女的爱一点都不奇怪，民间谚语中也有"打是亲、骂是爱"的说法，可见"打与骂"这种肢体上的痛楚与心理上的羞辱，恰恰同两性之间的性与爱是不可分割的部分，而这其中极端的表现就是性爱中的施虐与受虐现象。

施虐与受虐的研究源头

施虐与受虐现象最早来源于性学研究，1886 年，德国心理学家克拉夫特 – 埃宾（Krafft-Ebing，1840—1902）最先提出了"施虐狂"（sadism）和"受虐狂"（masochism）的概念，表明了性兴奋与痛楚相联系的种种表现，简称 SM，这就是互联网上常常用 SM 指代"虐恋"的源头。这其中，S 是施虐者，在使性对象遭受痛苦中得到快乐；而 M 是受虐者，意味着从痛苦和屈辱的体验中获得快乐。在这里，受虐狂是克拉夫特 – 埃宾首创的概念，他借用了奥地利作家马索克（Leopold Sacher Masoch，1835—1895）的名字，因为马索克是当时受虐文学的代表作家，不过当马索克知道自己的名字被用来命名一种性变态的类型，他很不高兴。毕竟谁也不愿意将自己的名字与"变态"联系在一起，可是历史就这么有意思，一个文学作家，不管他愿不愿意，也因为这样的原因而永驻心理学的历史了。

在克拉夫特 – 埃宾提出的 SM 之外，还有一个相关的术语叫"疼痛淫"（algolagnia，虐淫），这个词更强调在施虐与受虐的痛苦性爱之时所获得的乐趣，而克拉夫特－埃宾的"受虐倾向"则更强调羞辱与屈服之下的乐趣，换言之，前者是强调痛苦性爱所获得的乐趣，后者是强调屈从和折服所带来的乐趣。社会学家潘光旦先生则把"algolagnia"这个词翻译为"虐恋"，在性的基础上又加上了恋的成分，兼具身心两方面的感受。这个词也因为李银河等性学家在中文世界的广泛沿用，而广为人知。

弗洛伊德的虐恋观

在《性学三论》中，弗洛伊德在提及虐恋的来源之后，也对虐恋的两种形态做了区分。他认为大部分男人在性生活中都会表现出一定的攻击性，因此施虐狂是性本能中独立的和强化的攻击成分，经过移置作用而成为主导。通俗点说，男人本身就有攻击性和征服欲，将这种本能集中发泄到性对象身上，就成了施虐。而对于受虐，弗洛伊德一开始的解释是源于对性对象的高估，崇拜对方而从遭受对方侮辱中感到快感，后来则进行了修改，提出了受虐狂由施虐狂转换而来的观点。

弗洛伊德认为，相对于更容易理解的"施虐来源于攻击性"，受虐则表现得更"变态"一些。为什么人们会因为痛楚而获得快感呢？他认为：

- 受虐狂是施虐狂的自我转向，用自我替代了性对象。换言之，施虐的力比多不指向对方，最终指向自身，便成了受虐。

- 施虐与受虐、主动与被动常常出现在同一个人身上。在性关系中，令对方痛苦可以获得欢乐，遭受痛苦也可以享受欢乐。
- 施虐狂与男性气质有密切的关系，而受虐狂则与女性气质有密切的关系，施虐与受虐同存在一个人身上，是男性气质与女性气质的对立和转换。

在这里，弗洛伊德提到施虐与受虐的转化问题，但比较简单。他在 1915 年《本能及其转化》及随后的论述中则做了更深入的探讨，他认为人类存在两种基本本能：一是生本能，包括性欲本能与自体生存本能，在性欲本能中，天然含有虐待欲望；二是死本能，即攻击与破坏本能。虽然生本能和死本能是相互对立的，但可以相互转化，如内容转化，爱转化为恨；也可以两者结合，如性欲本能与攻击本能结合，指向外界则形成施虐，指向自身则形成受虐。而这种结合后的本能也会发生转化，比如攻击结合性欲本能无法在外部世界中得到满足，就有可能退缩，从而增加自我破坏性，一个人便可能从施虐转向受虐。

弗洛伊德相信：

"痛觉，像其他的不愉快感觉一样，引发了性兴奋并产生了一种快乐的条件，正因为如此，主体宁肯经历这种疼痛的不愉快……并不是疼痛本身被享受，而是伴随疼痛的性兴奋。"

那么在虐恋中，施虐者是怎样获得快乐的呢？在本能的原始的性行为中，疼痛增加并不起什么作用，施虐者的目的不在于给对方痛楚；而是痛给受虐者带来快乐，施虐者则可以通过与受虐者认同的方式来一起享受这种受虐的状况。简言之，痛与快乐相连接，受虐者快乐，施虐者感同身受，也快乐了。

受虐狂的三种类型

施虐狂可以从人的攻击本能得到显而易见的理解，而对于忍受痛苦并享受快乐这种受虐狂的心理机制，我们还可以更深入地探讨。弗洛伊德以及后来者在对虐恋现象进行研究的过程中，兴趣焦点更多集中在受虐狂。弗洛伊德在研究受虐狂的过程中，逐渐从研究性活动中走出来，来到了更广阔的心理空间，分离出了受虐狂的三种类型：

一是性受虐狂，这是通过受折磨、受羞辱寻求性高潮的性行为，这是我们上面所谈到的类型。

二是女性气质型受虐狂，是指从自己或他人造成的痛苦中获得快乐。它是在性受虐狂的基础上，发展出的一种新型受虐类型。在这里，弗洛伊德将受虐快感与常见的刻板"女性"特征（如被动、依赖等）结合起来，但他并没有说女人是天生受虐狂。其实这里的"女性气质型受虐狂"在男人和女人中都很常见。这些人甘于低的社会地位，处在痛苦的关系中，常常自我否定和自我破坏，还经常有一些自虐的行为（如自残），他们常常通过这种自我创造的痛苦来寻求解脱。

三是道德受虐狂。它是发展出来的另一种新型受虐类型。弗洛伊德在 1924 年创造了"道德受虐"一词，说的是一种由无意识的内疚产生的心理状态，并通过可以减轻这种内疚感的痛苦来获得心理上的满足。也就是说，当他们因内疚而感到痛苦时，为了缓解痛苦，让自己好受一些，会采取"自我惩罚"的措施。这些惩罚可以是躯体的，也可以是精神的。他们表现出不断地攻击、虐待那个自认为糟糕、差劲的自己，来缓解、平复内疚的情绪。比如，在中国的家庭环境中常见一个现象：父母为子女牺牲了很多，而子女又发展得不如父母意，这时候子女就会产生内疚感，为了达到父母的期望，便舍弃自我的开心和快乐，愚忠愚孝，而成为一个道德受虐者。

人人都有虐恋倾向

虐恋的起源

2015 年，美国上映了一部讲述含有性虐待色彩的爱情的电影《五十度灰》。它说的是一个童年不幸的年轻亿万富翁，爱上了一个刚毕业的天真女孩，但他有特别的性虐待偏好，这样女孩起初犹豫不决，但随后心甘情愿进入服从的角色，最终两情相悦的故事。

这部电影在商业上是成功的，然而电影中的故事，还有哲学家卢梭的受虐案例，以及其他一些文艺作品中事例，无不体现出公众对虐恋情结的一种刻板认知，即一个人之所以偏好虐恋，往往是因为其童年期的经验，有过当年的肉体鞭打或者虐待的经历，成长后就成了 SM 的偏好者，这也符合传统的童年经验定终身的思路。但是，真的是这样吗？喜欢 SM 的人都是一些童年不幸而个性有缺陷的人吗？

近期的一些调查发现，事情没有那么简单：确实在虐恋群体中，绝大多数的参与者（78%）从小就在内心对 SM 活动感兴趣，不过小时候的活动不一定具有性的成分，如扮演警察与强盗的捉拿捆绑类游戏，他们长大之后接触了性中的 SM 活动才感觉自己喜欢。而且只有少数人表示参与 SM 活动是为了应对内心的痛苦。另外的调查发现，这种 SM 活动对参与者而言更多意味着个人自由、冒险、自我表达、缓解压力，最重要的是快乐。而且调查发现，SM 活动的参与者在人格上表现出更严谨、外向、开放的特性和更低的神经质，并没有表现出更低的心理健康水平。

当然，也有人（22%）报告说，他们的 SM 偏好来源于外在影响，这其中，11% 的人说参与 SM 活动是因为与童年的受虐待经历有关（父母的肉体惩罚，如打屁股就占 9%）。可以说，确实有一些人是童年经历导致了 SM 偏好，但这只是部分案例，并不是虐恋爱好者的主流人群。

虐恋的动机

虐恋通过痛苦制造快乐，这其中的心理机制何在呢？调查发现，一些人愿意在性活动中施虐、受虐的原因主要有以下几种类型：

一是"权力游戏"。许多研究者认为，人之间性权力的不平等是虐恋行为的核心要素。不论是施虐还是受虐，背后都是一种性权力的配置，痛苦只是一种表象，玩弄性权力关系比施虐与受虐带来的痛苦更重要。国外的调查中，近3/4的人对性交期间的支配/服从行为感兴趣，同时，这种性权力的不对等可以唤醒一半人的性兴奋。

作为施虐者，他们可以从权力和控制感以及受虐者的"痛苦"中获得欢乐。他们有意或无意渴望惩罚性对象，以此产生性唤醒，满足征服欲望。同时，他们会将性伴侣物化，把伴侣当成一个奖杯、一个玩具。这也是一种防御机制，施虐者因为物化了对方，所以不用产生情感负担，毕竟在他们看来，不用对一个玩具负责任。另外，施虐行为也可以看作一种寻找"替罪之身"的过程，他们通过施虐，将内在的愤怒和内疚等感觉释放到对方身上，达到内心的放松。

那么作为受虐者，他们为什么会在这场SM的游戏中放弃自己的权力呢？首先是那些在日常生活中很强势的人，尤其是一些专业人士，他们在生活中往往拥有更多的影响力，所以在性活动中更愿意通过放下责任、放手性权力来寻求一种平衡。其次是一些原本就因为屈服而容易产生性唤醒的人，这其中，女性往往多于男性。受虐者还可以从获得施虐者认可的过程中获得感到快乐，引起施虐者的注意并在某种意义上实施反控制，就像一个孩子的哭是他控制成人的工具；而受虐者的痛苦无疑是吸引了施虐者的关注。另外，还有一些人，像弗洛伊德所说的，会在支配与服从的角色之间交替变化，他们在性活动中的权力偏好并不固定，会因情绪、伴侣身份等内容产生变化。在施虐到受虐之间，并没有一条明显的界线。

二是"意识改变"。一些虐恋者会用宗教类用语描述 SM 经历，声称在这一过程中产生了神秘的、超越的人生体验，仿佛与神在一起，仿佛天人合一。尽管这种感觉在不痛苦的情况下也能达到，比如领略壮阔的大自然景观，但是 SM 者认为，在强烈的长时间的痛苦刺激下，这种感觉会更为强烈。

一些研究与调查还发现，除了这种神秘体验，SM 可以使人达到集中注意或者放松的状态。在 SM 活动中，对受虐者来说，因为疼痛而唤醒的注意力都集中在疼痛感上，他们需要专注于当下，关注此时此地，这时候他们的心理体验其实是与冥想或放松类似的，而生活中其他一些让我们痛苦的事就会被排挤到意识之外。因此，SM 在某些人的眼中是一种放松心灵的活动。

三是"心流体验"。弗洛伊德将受虐定义为攻击本能的指向自我，而也有研究者则认为 SM 是逃避自我的方式。性受虐狂是对自我的全面攻击，试图消灭自我，逃离自我，最后达到我将无我。还有一种观点认为，SM 不是逃离自我，而是逃离平凡的生活，是用一种特别的方式深入探索自我。

不过有些人根据实证的调查数据否认了这些观点，指出虐恋更类似于一种性的正念练习，虐恋不是攻击本能转向自我或逃离自我，而是会诱发快乐，增强对自我和他人的信心，并促进人际关系，甚至达到类似幸福感研究的心流（flow）的状态，让人投入其间，享受其中。

虐恋的神经机制

关于通过痛苦制造快乐，更有力的说法来自脑科学的证据。就如同跑步者长距离奔跑，身体虽然长期处在强烈的、预期的、自愿基础上的痛苦中，但同时长跑本身也能给个体带来快感。这其中的原因在于神经心理学的一个经典发现：就是内啡肽的分泌与身体疼痛有关，而内啡肽则可以降低对疼痛的敏感度，具有镇痛和促进情绪的作用，而且它引起的这种积极情绪状态还可能上瘾。

人在感到疼痛时，大脑会发出警报，便促进内啡肽分泌，来减轻疼痛，而内啡肽的释放又促进了快感的生成。这就和在一些长跑运动员身上所展现的一样，长途奔跑对身体本身是一种折磨，但一段时间后运动员却乐此不疲。虐恋也有这样的性质，尤其对受虐者来讲，虽然身遭苦痛，但肉体的疼痛带来的内啡肽分泌却令人上瘾。而且，从某种程度上讲，这也促进了人际关系。

更进一步，"痛并快乐"许多时候是生活的真实情况，比如常见有些人喜欢吃辣椒。湖南人喜欢吃辣，也会把一些充满魅力的女性称为"辣妹子"。正如某歌手的歌中唱的：

辣妹子辣，辣妹子辣哟辣辣辣

辣出的汗来汗也辣呀汗也辣，辣出的泪来泪也辣呀泪也辣

辣出的火来火也辣呀火也辣，辣出的歌来歌也辣歌也辣

辣妹子说话泼辣辣，辣妹子做事泼辣辣

辣妹子待人热辣辣，辣椒伴她走天下

在这里，人们喜欢吃辣椒，是因为"辣"作为一种痛觉，引起了口腔里轻微疼痛，但同时提醒大脑分泌内啡肽，从而引发快乐，甚至让人最终吃辣上瘾；人们喜欢辣妹子，也是因为并不乖顺的"火辣辣"性格，以及在交往中给人的"痛并快乐"的感觉。

这里，我们谈论疼痛与快乐的神经生理关系时，可以回望一下弗洛伊德的理论。可以说，当下的神经生理研究验证了弗洛伊德最初的猜想：痛觉最终引发了快感。

虐恋倾向太普遍

在最初弗洛伊德关于虐恋的叙述中，施虐与受虐是作为性变态的一种类型存在的。即使在今天，"性受虐障碍""性施虐障碍"也是被列入《精神障碍诊断与统计手册（第五版）》的病例类型；但是，我们要注意，SM障碍判断的标准有诊断上的要求，比如历程长、引发社会功能损伤、大量使用虐待方式甚

至强迫虐待，是我们所说的"大变态"，而在性活动中作为享受性乐趣、增进性关系的手段，这就是没有问题的。

比如一名高管借用手中的权力，胁迫下属参与他的 SM 聚会，并拍照以此为乐在网络上宣扬，从而获得性满足，这是性倒错障碍，甚至已触犯法律；但一对夫妻为增加性乐趣，在性生活中偶尔蒙眼、堵嘴、打屁股，这是正常的性活动。美国的研究者曾对成年人的性行为进行了调查，结果发现，许多人都尝试过一些 SM 的性活动。2015 年，印第安纳大学的研究人员对 2021 名美国成年人进行了代表性抽样调查。许多人表示，他们尝试过 SM 的一些元素：打屁股（30%）、主人/仆人的角色扮演（22%）、鞭打（13%）。而比利时的一个研究也发现一半的成年人尝试过施虐和受虐的游戏。

施虐与受虐是一个较为普遍的现象。这里有一个不同程度的划分，可以是极端的性变态，也可以是日常生活两性性情趣的一部分。其实，每个人不管承认与否，都有一些施虐受、虐倾向的。你可能认为打屁股是性活动中过分的行为，但一些看似正常的行为，如挠痒啊，把对方当孩子啊，性爱中的卿卿我我咬耳朵啊……其实仔细想想都是包含一些虐恋元素的。在恋爱过程中，有些人会变得更强势和主导，另一些人会变得更顺从和幼稚。统治和顺从几乎是每段关系必然的要素，不可能相爱的两个人随时都举案齐眉和相敬如宾，什么时候都 AA 制的。在相互尊重、互相依恋的基础上，坦诚交流，展现欲望，才能更好获得性与爱的和谐。

弗洛伊德的虐恋理论不仅影响着性学、心理学，也对文化产生了影响。在本章开头，我们说的《在那遥远的地方》只是王洛宾轻描淡写牧羊女的皮鞭，而作家王小波则是将虐恋作为他很多小说的主题：

"古往今来的中国人总在权势面前屈膝，毁掉了自己的尊严，也毁掉了自己的聪明才智。这本是种痛苦，但又有人说：这很幸福！久而久之，搞到了是非难辨、香臭不知的地步……"

众所周知，有一种人，起码在表面上不喜欢快乐，而喜欢痛苦；不喜欢体面和尊严，而喜欢奴役与屈辱，这就是受虐狂。弗洛伊德对受虐狂的成因有这样一种解释：人若落入一种无法摆脱的痛苦，到了难以承受的地步，就会把这种痛苦看作幸福，用这种方式来寻求解脱——这样一来，他的价值观就被逆转过来了。当然，这种过程因人而异。有些人是不会被逆转的。比如说我，在痛苦的重压下，会有些不体面的想法，但还不会被逆转。另有一些人不仅会被逆转，而且还有了痰气，一听到别人说自由、体面、尊严等是好的，就怒火万丈——这就有点过头了。世界上哪有这样气焰万丈的受虐狂？——你就是真喜欢奴役与屈辱，也不要这个样子嘛。

王小波似乎不那么喜欢"抖M"的世界，你我也可能不喜欢，那么就让我们试着理解一下吧。

第六章
性欲源头：从吃奶说起

吃饱的孩子，其红润的脸庞与满足的微笑
和成年人性满足时的表情是相似的。

吃货的"精神分析"

在心理咨询的实践中，我常见到贪吃上瘾的案例。比如有的姑娘小伙，只要平时工作压力大，一加班就喜欢吃东西，一吃东西就停不下来，一停不下来就胖起来，一胖起来就瘦不下来。然后他们心烦意乱，影响工作，耽误恋爱，被搞得身心俱疲，焦躁不安，不得已前来咨询。一位精神分析取向的咨询师如果遇到这种情况，往往会用弗洛伊德的口欲期人格理论来加以理解，追溯这些贪吃者的童年，看他们的吮吸、吞咽等活动是否被家长过分限制，而最终诱发了他们贪吃成瘾的行为。其实在弗洛伊德的理论中，不仅贪吃，而且酗酒、抽烟、咬指甲等行为也都与此有关。当下饮食的问题追溯到源头可能都是因为最初的性冲动的影响。

那么弗洛伊德的这种婴幼儿性冲动对人格产生影响的理论是怎样形成的？又有哪些具体的观点呢？

弗洛伊德在《性学三论》的第二论中，重点谈到了幼儿性欲的问题。当然，有的《性学三论》中文译本中，增加了副标题，如用更生活化的"——孩子们的'性'冲动"作副标题。可以说，弗洛伊德对幼儿性欲问题的提出和讨论是具有开创性的，他关于孩子们的性冲动、关于幼儿性欲等问题的一些观点影响巨大。他不仅强调了婴幼儿性欲的存在，而且也提出了具有广泛争议的理论。虽然说，在我们今天看来，弗洛伊德的幼儿性欲的观点有些玄学，但是如果你仔细阅读弗洛伊德的论述，你就会发现他关于这方面的讨论是充满逻辑与条理的，并不是信口胡说。

性冲动的产生比你想的早：弗洛伊德的性欲观

幼儿性欲有没有

在一般人的传统的观念中，儿童期并无性活动，直到青春期性冲动才觉醒。弗洛伊德认为，这是一种无知，忽视了个体发展中童年的重要作用。专家们关注人类的童年，却忽略了个体的童年。

进而，弗洛伊德提出"幼儿期遗忘"的观点。他指出，大多数人除了不记得自己 3 岁以前的经历外，对自己 6 ~ 8 岁的经历也记忆不清。按理说，儿童时期的接受能力和再现能力应该最强，但一个人在成年后，却遗忘了一段时间的童年印象，这其中一定有问题。

那么问题出在哪里呢？弗洛伊德认为，幼儿时期的印象不是真正地被抹去了，而是受到了压抑。用弗洛伊德后来的理论可以解释为，童年经历被人们从意识层面压抑到了冰山水下部分的无意识层面。

我们为什么要遗忘、要压抑呢？因为性。弗洛伊德做出天才的假设：幼儿时期是性发展的第一个时期；幼儿时期遗忘就与幼儿时期的性行为有关；这种遗忘也可以解释一些心理患者的早期遗忘的事实。

关于对性的压抑，弗洛伊德认为，即使在新生儿身上，也已经有了性冲动的萌芽，只是儿童的性在发展了一段时间之后便受到周遭环境的阻碍，儿童在文明社会的教育中形成了关于性的厌恶、羞耻、道德的感受，因而其力比多转向新的目标，潜伏起来了。

幼儿性欲在哪里

随之而来一个问题：既然幼儿时期就存在性欲，那么体现在哪里呢？弗洛伊德认为，有一个现象值得关注：吮吸。吮吸是一个人天生的习惯，用嘴有规律地反复去碰触和吸一个事物。

最初是为了吃奶，为了生存，那么成年人嘴里吸个东西，是为了什么呢？弗洛伊德本人就整天叼个烟斗，用他自己的理论来讲，这其中的快感不仅仅来自烟；现在的年轻人整天奶茶、饮料不离手，嘴也离不开那根吸管，如果说是因为边走边喝用吸管更方便，那么正如你在快餐店所见的，为什么大家坐在座位上喝饮料也用吸管呢？按理说直接撤掉吸管敞开喝不是更爽快吗？

回到童年的话题，即使婴幼儿不吃奶，有时候家长也会在他们嘴中放个安慰奶嘴。这时候，虽然没有真正食物的获得，但是孩子往往也会全神贯注于吮吸动作，逐渐进入梦乡，或者出现类似高潮的和谐反应。弗洛伊德认为，这种吮吸动作就是婴儿的一种性表现。一些孩子在吮吸过程中，会不自觉地抚摸与玩弄自己的胸部或者外生殖器，表现出婴幼儿行为的一个显著特征：自体性欲。

在弗洛伊德的解释中，婴幼儿性行为中的性冲动对象并非指向他人，而是自身，他们在自己身上释放力比多和获得性满足，这种行为叫作自体享乐或自体性欲。孩子吮吸的最初的原因就是生存，温润的乳汁从嘴唇边流过，进入胃里，通过胃和肠道消化吸收，孩子的生理需要得到了满足；同时，通过嘴，孩子也逐渐产生了心理上的快感，这时候，孩子的嘴唇就成了一个快感区。通过吮吸，孩子身心都得到了满足。不过这里再次强调一下：弗洛伊德所说的性欲，并非狭义的性器官区域的性冲动满足的欲望，而是泛指一切身体部位获得愉悦感的欲望。

这些身体部位就是快感区，就是我们的开心之源。

从这一点说，"食色不分家"，人类的性行为最初的来源与饮食行为是联系在一起的。孩子吃奶的时候，食色是统一在一起的，但孩子在长出牙齿、断了奶之后，不必再通过吮吸来获取营养了，但是心理快感已经形成，他们便开始吮吸自己的皮肤，甚至开始寻找更多的吮吸对象。所以一些小朋友喜欢吃自己的手指，一些大朋友喜欢随身带着装着酒的小扁瓶，时不时地嘬一口，弗洛伊德则叼起了放不下的大烟斗。

口欲期表现及其固着

按照这样的思路，弗洛伊德形成与发展了他关于性发展理论的第一个阶段总结：口欲期，或称口唇期。他认为，婴幼儿在最初的生活（从出生到 18 个月）中，嘴巴是全能的愉悦器官。在这个阶段，婴儿接触到力比多的第一个对象——母亲的乳房，通过它，一是得到了生理的满足；二是产生吮吸的快感，这种快感也可以通过吮吸手指来实现，或者更进一步扩展开来，指向环境中的物体，如玩偶或其他玩具，或者一切可以放进嘴里的物品。可以说，这个时候的孩子是用嘴通过吮吸来感知世界、来获得快感的，快感中心集中在口腔，所以称这个时期为口欲期。

口欲期心理可以简单总结为三句话：

- 婴儿用嘴吃东西；
- 婴儿用嘴感知世界；

- 婴儿的嘴与妈妈的乳房，具有丰富的超越饮食的意义。

那么接下来的问题是：如果妈妈的乳房没有满足婴儿嘴的欲望，或者说在口腔期婴儿的欲望没有被充分满足，再或者被过于满足了，会出现什么情况呢？弗洛伊德用"固着"来解释欲望发展中失调的结果。所谓固着就是力比多的固着，是指婴儿期或者童年期力比多的投注滞留的现象。口欲期欲望没有得到很好地满足，就会形成口腔固着型性格。

弗洛伊德性欲观的"双标"

可以说，弗洛伊德关于婴幼儿性欲，以及口欲期的这些观点创造力十足，并有启发意义。其实这也深刻影响了人们的育儿实践。在世界各地，无论是在欧洲还是在亚洲，你都会发现很多婴儿车里面的小婴儿叼着奶嘴或者吮吸着手指，这就是弗洛伊德关于口欲期的观点的例证。然而，真的是弗洛伊德说的这样吗？现代科学可以证明吗？

如前所述，在弗洛伊德的观念中，口欲期的婴幼儿通过吮吸来获得身体和心理的满足，这也是他（她）接受食物的主要方式。如果这阶段身体和心理没有得到满足的话将导致力比多在此固着，这种固着会引起一个人咬指甲、暴食、吸烟等问题的出现。那么这种推演正确吗？这里我们往育儿这一方面延伸一下，我们常常提倡母乳喂养，也发现母乳喂养时间和孩子智力水平存在很强的正相关性。在一定范围内，随着母乳喂养的时间延长，孩子智商分数增加。在这里，可以说母乳喂养是孩子吮吸顺畅的重要根源。换言之，我们可以把母乳喂养的时间当作孩子口欲期欲望满足程度的一个标记，然后再和他们成年后的一些固着行为的多少进行对照，这样就可以验证弗洛伊德口欲期理念的真伪。

研究者首先对受访者儿时母乳喂养的情况进行了调查，问题包括：你小时候是母乳喂养的吗？如果是，那么母乳喂养了多长时间？同时，研究者也调查了吸烟的情况，问题包括：你抽烟吗？抽烟频率怎么样？每次量多大？等等。结果发现，母乳喂养的持续时间与成年人的吸烟成瘾程度之间并没有关系。

在这里，数据不支持幼时母乳喂养与成人吸烟的相关性，这表明弗洛伊德的口欲期固着的观点并没有得到证实。当然，这也不排除研究做得比较粗浅，只调查母乳喂养时间一个指标并不能完整体现弗洛伊德论述的细节，所以也可能是母乳喂养的指标不够精细，应有的固着情结关系没有被检测到。总之，至少口欲期固着的理论在当下的实证研究中依然存在争议。

其实，关于这一点，弗洛伊德当年就受到过责难。因为弗洛伊德本人就是个老烟民，酷爱雪茄，一天要抽二十多支，直到最后得了口腔癌，才不得不戒烟。我们现在看到弗洛伊德在许多照片中也是一副叼着烟斗酷酷的样子。依据他自己的理论，爱抽烟的人都是可怜之人，这些人在婴儿时期未能充分地吮吸母亲的奶，即口欲期没有过渡好，所以长大之后，为了弥补这方面的不足，就以吸烟的方式来满足欲望。

有人曾问过弗洛伊德怎样解释他的烟斗，是不是一种"口腔固着"，具有性意味啊？弗洛伊德说："有时候烟斗仅仅是个烟斗。"典型的"双标"！

看来弗洛伊德老先生也是双重原则，法无定法，他的话不可全信。当然，关于弗洛伊德说的"有时候烟斗仅仅是个烟斗"这句话，流传很广，这可能只是个传言而已，因为在弗洛伊德的理论中，他倾向于将一切都赋予性意义，有人就编了这个搬起石头砸自己脚的"弗洛伊德反对弗洛伊德"的笑话并流传出去，但据后来人们考证，并没有书面证据表明弗洛伊德说过这句话。

第七章
性诱假说：童年性回忆是真是假

每个精神疾患都可以追溯到幼年时期的性侵害，
这是弗洛伊德性学理论中最富争议的内容，他说得对吗？

庄周梦蝶的故事

《庄子·齐物论》中记载着这样一个故事：有一天，庄周在草地上睡觉，做了一个梦。在梦中，他发觉自己变成了一只蝴蝶，蝴蝶在空中翩翩然飞舞，四处游荡，快乐得忘了自己本来的样子，也忘了自己是由庄周变化而成的。过了一会儿，庄周忽然醒了过来，但是梦境还清晰地印在他的脑海里。他起身看了看自己，又想了想梦中的事情，一时间有些迷惘，竟然弄不清自己到底是庄周还是蝴蝶了。究竟是他在自己的梦中变成了蝴蝶，还是蝴蝶在它的梦中变成了庄周？

这就是经典的庄周梦蝶的故事。的确就像故事中所讲的，有时人生中的梦境与真实的生活是很难区分开的，梦境有时也会给人一种真实的感受，而在真实的生活中反而让人有身在梦中的感觉。真真假假，虚虚实实，好像很难界定得清楚。曾经的一段段酷似鲜活的回忆到底是不是真实地存在过呢？

在分析当下人们的心灵困境时，一些人往往会用到一个流行的词：原生家庭。许多人认为，我们今天的问题的根源在于我们最初生长的那个家庭，正是童年的一些不幸境遇导致了我们今天如此这般。那么这种说法合适吗？另外，我们记忆中的童年逆境是一种真实的存在吗？

接下来，我们就从精神分析大师弗洛伊德关于童年记忆，尤其是童年性回忆的观点说起，详谈我们记忆中的这些童年逆境的真伪。

可怕的童年性侵回忆

童年性经历的重要意义

在《性学三论》中，弗洛伊德在幼儿性欲这一论，开篇就谈到，大多数人会对自己 6 ~ 8 岁期间的经历记忆不清，而这些被遗忘的内容其实往往决定着我们现在的生活现实，甚至会决定我们的未来发展。

"可以说，幼儿时期的印象并不是真的被彻底抹去了，我们只是对其有所遗忘，其本质是意识受到了一定的阻碍（排挤），类似的现象我们也能在一些精神病人身上观察到。"

弗洛伊德认为，正是对幼儿期的遗忘导致人们在回忆起自己的童年时会产生一种恍如隔世的感觉。它掩盖了童年时期性发育的痕迹，使得人们不敢相信童年时期的生活会对个人性生活的发展产生重大的影响。早在 1896 年，弗洛伊德就强调了童年与性的重要作用，而且他认为，幼儿时期是性发展的第一个阶段。

在弗洛伊德看来，对童年时期的性回忆会贯穿我们个人发展的始终，尤其会影响我们未来的发展趋势，因此童年的性经历很重要。但由于各种原因，我们对童年的性经历产生了遗忘，不过我们可以借助精神分析的技术，比如自由联想、梦的解释等，重新回忆起过往的那段经历。

精神障碍者的童年性侵回忆

在《性学三论》中，虽然弗洛伊德只是谈到了幼儿期遗忘是因为性的压抑，没有过多展开。但在更早的关于精神疾病的考察中，在帮助了许多来访者挖掘出已经遗忘的童年性经历后，弗洛伊德发现了一个令人震惊的现象：就是当病人回忆童年生活经历的时候，常常会想起他所经历过的各种心理创伤事件。而且，还有些病人回忆说，他们在幼年时曾经受到过他人的性侵害；特别是女病人，经常会回忆起幼年曾经受到过父亲的性侵害。

弗洛伊德认为，因为在让病人进行自由联想的时候，咨询师或治疗师通常是坐在病人的背后，一声不吭地倾听病人诉说，而不像催眠那样强力地暗示病人，所以他认为病人的回忆是相对客观真实的。

而且他发现，凡是患有精神病或是性变态的人，都对早期的性行为印象深刻，他们会情不自禁地想要重复这种感觉，从而任由自己的性冲动天马行空般四处驰骋。而在健康人身上，就不会有类似的现象。尤其需要注意的是，一些精神病的成因可能正是对于童年生活的深刻记忆。这些病了的人总是回忆过去，影响了当下的正常精神生活，甚至出现了较严重的病症。

弗洛伊德论认为，尽管病人当下的问题看似与性关系不大，但是他们早期受创伤的经历却总是或多或少和年幼时身体受到性侵害有关。如果我们深入追寻一个人的童年早期经历，尽可能地达到他的记忆所能达到的最深处，我们会无一例外地使病人重新回忆起过去的经历。而这些经历就可以看作我们所寻找的当下精神病症的病源。同时，不出意料地这些经历往往与性有关。由此，弗洛伊德形成了著名的性诱假说：一些精神疾患（如歇斯底里和强迫性神经症）完全是由于对儿童早期时的性愉悦和性兴奋的无意识记忆造成的，"癔症是前性别的性冲击（sexual shock）的结果"，更进一步说，歇斯底里症状是早期性创伤的象征性表现。

在 1905 年出版的《科学的心理学方案》一书中，弗洛伊德叙述了一个叫爱玛的女性的病例。她的症状是不能独自走进商店。据她自己说，12 岁的时候，她走进一个商店，看到两个男店员正在取笑她的打扮，而她本来对其中一个店员是很喜欢的。于是她焦虑不安地跑出了商店。弗洛伊德经过深入研究发现，爱玛 8 岁的时候，曾被糖果店的老板性骚扰过。这两个情境的联系是，店员的嘲笑会让她想起糖果店老板猥亵时狰狞的嘴脸。当她 12 岁走进商店时，在相似的场景中，她 8 岁的记忆就被唤醒了，性本能转化为焦虑。由于这种焦虑，爱玛害怕店员会像当初的糖果店老板那样，再次侵扰她，所以她逃走了，从此不再敢独自一人走进商店。

综合了一些类似的案例，弗洛伊德把早期的性创伤和当下的病症表现联系到了一起，现在的情景唤醒了当初的不良性记忆，从而病患出现了不适的心理行为表现。弗洛伊德认为，许多心理病症的心理机制的核心都是压抑，而被压抑的东西就是童年时期的性经历。

其实，就这一点来说，弗洛伊德并不孤独，也有专家提过类似的观点，如布罗依尔就曾指出，精神病人的负罪感往往与对青春期手淫行为的回忆息息相关，虽然这一点还有待进一步分析论证。但总体来看，有一点不容辩驳：手淫是整个婴儿期性行为的外在表现，因而一个人长大后也继承了与此相联系的所有负罪感。不过，弗洛伊德这样执着于性记忆与影响，他敢称第二，就没人敢称第一了。

性诱假说的争议与扬弃

在性诱假说中，弗洛伊德将精神疾患的原因归结于早期的性创伤，这是一种创见，但很明显，观点也有些极端。不出意外，性诱假说遭到了很多的攻击，引发了大量的争议。有专家认为，弗洛伊德的工作并不科学，只能说是一种"科学童话"，都是主观臆想，是"恐怖的老妇人精神病学"，"很大程度上是虚构的"。

一开始的时候，弗洛伊德对这种质疑声是不满的。比如有人就质疑说，儿童性虐待的记忆可能是被医生的权威强迫而听话的病人虚构的。对此，弗洛伊德解释说，如果这是真的，要么是医生将这种故事强加给顺从的病人，并宣称这都是病人的记忆；要么就是病人们将他们精心编造的故事告诉医生，而医生又都信以为真。这可能吗？这明显与治疗过程中的情境不相符。而且弗洛伊德注意到，首先，不同病人的叙述中都有些共同的细节，由于他们事先并不认识，因此排除了他们之间相互交谈并定好内容的可能性，因而也排除了群体压力或任何强调恢复受虐记忆文化背景的影响。其次，病人们将那些自己并不认为重要的事件或轻描淡写的细节都描述为无害的，而这些事件或细节只有那些在其生活中有过体验的人才会理解并记得，这些无关紧要的琐碎细节也增加了回忆的真实性。最后，除了证物与证言外，证人也再次增强了被分析者材料的真实性，比如，当事人的养育者对事件的确认和分析的肯定，等等。

不过，随着案例的增加，以及讨论的深入，到了1905年，弗洛伊德在《性学三论》中改变了最初的"性诱假说"观点，一是坚持认为，普通人在童年期可能会体验到性经历；二是坦然承认，病人的一些性回忆可能是一种"小说化的记忆"，这只是一种个体的幻想，并不是真实发生的事实。

而到了1914年，弗洛伊德在《论心理分析运动史》一文中，就基本承认了"性诱理论"是一种错误观点，而且这个错误对新兴的科学而言有可能是致命的，他还指出性创伤的记忆是一种幻想，是对自体性欲的防护。到了1933年，弗洛伊德在《精神分析新论》中说道：

"在这个将兴趣指向婴儿期创伤的时期，几乎所有女性患者都告诉我，她们曾受到过父亲的性诱惑。我在最后被迫认识到这些报告并不真实，因此开始明白，歇斯底里症状是起源于幻想而非真实的事件。只是在后来，我才能够在这种被父亲性诱惑的幻想中，识别出女性身上典型的俄狄浦斯情结的表达。"

这里清晰地表明，弗洛伊德承认了自己的错误，抛弃了性诱假说，进入了更深入的思考，因此随后才有了儿童性欲发展理论，才有了俄狄浦斯情结等一系列更为重要的发现。

弗洛伊德的"性诱理论"是他研究生涯的滑铁卢，他也因为这个话题遭受了许多的非议。尽管弗洛伊德的理论在现在看来也不完美，仍有许多问题、错误，但瑕不掩瑜，他的伟大之处在于他严肃、认真而又大胆地提出了一系列重要问题，极大地激发了后人对这些问题的讨论与探索，这无疑鼓舞了我们对人性、对人类心灵世界进行无尽探索的激情，而无关正确与否，他的理论因此而具有跨时代的意义。同时，他在发现问题的时候，也能及时纠正和反省自己，这正是值得我们学习的。

　　这也提醒我们，我们要做的并不是成为一个知识的搬运工，而是要学会用自己的眼光，带着批判的头脑，在深度加工的基础上去剖析、理解这个世界，这是一个转换与处理的过程。今天借助解读《性学三论》，讲述一段弗洛伊德的历史，不是要去抹黑他，而是提醒我们自己，弗洛伊德伟大，但我们不必要因此而迷信他，所谓"吾爱吾师，吾更爱真理"说的就是这个道理。

第八章
快感刺激：兴奋与满足之源

小朋友喜欢坐摇摇车，大朋友喜欢开汽车，
所有的男生都喜欢驾车飞驰。

动则快乐：弗洛伊德的快感论

我们知道，婴儿在哭闹的时候，大人会通过晃动来哄他们睡觉；稍微大一点的孩子喜欢坐在车厢里颠簸或坐在火车上晃动的感觉。几乎所有男孩都曾在一生中的某个阶段，产生过想要当一名司机或者赛车手的念头；有的孩子很喜欢一些运动游戏（如荡秋千），被抛到空中飞起来时，他们会咯咯地笑；游乐场的大摆锤充斥着成年人兴奋而激动的尖叫……研究发现，有规律地晃动身体，会引起性兴奋，使人产生快感。那么在弗洛伊德及后来的研究者的观点中，性兴奋和快感产生的心理机制是如何的呢？二者有何区别和联系？

快感区与快感刺激

快感，从字面上理解为快乐、愉悦的感觉，主要指内心的愉悦和生理的畅快。在这里，"快感"是性与爱的集中表达，常常以人的身体为基础，以性快感为中心，并由此扩展开来遍及全身。在这里，我们看到，快感可以是来身体各个区域的。同样的，我们也可以在《性学三论》清晰看到这样的观点，弗洛伊德更具体地认为，快感区就是在特定的刺激下，能够使人获得一定快感的某处皮肤或黏膜，而且所有的身体部位和内脏器官都具有成为快感区的潜质。换句话说，性器官之外的其他任何部位的一处皮肤或黏膜都可以在特定的条件下，转化为快感区。而所生成的快感的强度取决于刺激的强烈程度，而非其所作用的身体部位。

快感产生的区域是快感区，那么促进快感产生的刺激又有什么特点呢？弗洛伊德认为这种刺激具有某种规律，很可能跟挠痒痒类似。身体器官在不同的化学物质的作用下，会受到两种不同的刺激，其中一类被统称为"性刺激"，这些刺激作用于快感区，人会产生快感和紧张感，进而为性行为的完成提供动力。性行为的最后一步，就是用特定的对象去刺激某一个快感区，在快感区的强烈作用下，身体产生射精的动力。不过，这是这最后的快感，与之前却有很大区别。因此弗洛伊德将两种快感进行区分，由快感区产生的快感称为前期快感，由射精产生的快感称为后期快感或满足感。幼儿时期的人们就能够体会到前期快感，而后期快感的获取需要经过青春期的性成熟。

在这里，快感的产生过程中往往伴随着紧张感的出现，而紧张感往往意味着不适感，似乎不符合性快感的本质。但事实上，性行为中的紧张感能够使人感到愉悦。快感区对于性兴奋的传导有重要的作用，例如眼睛，这个看起来与性对象无关的器官，却在追逐性对象的过程中发挥重要作用，因为眼睛能看到性对象身上的美，从而提升性兴奋的程度。如果受到刺激的是另一个快感区，比如用于抚摸的双手，那么其作用的效果也大致相同。一方面，人们会感到愉悦，并在这种快感的鼓舞下做好性交的准备；另一方面，性紧张的程度也会提升，而一旦它不能牵动更多的快感，就会给人带来明显的不快。快感与性紧张之间只是间接的关系，可以说，一定程度的性紧张是快感区产生性兴奋的必要条件。

人体产生紧张感和快感后便会获得性满足，这也是幼儿时期性冲动的目标，即不断获得性满足。人类的性目标就是用外来的刺激代替内心投射到快感区，形成一定的瘙痒感，在消除这种瘙痒感的同时获得满足。因此一个人想要重复之前所获得的满足感时，他的状态大致如此：一方面，他会有一种奇特的紧张感，这更多地使他感到不快；另一方面，其神经中枢会发痒，并将这种感觉投射到其他的边缘快感区中。当然，生理学知识也告诉我们，性需求也可以在边缘区域生成，从而造成快感区的实际变化。

性冲动与性兴奋

身体的某些地方是天生快感区，如吮吸中的嘴唇、排泄中的肛门，以及不经意摩擦到的性器，但是，经过刺激，有些非天生快感区的身体区域也可以转化为快感区。如在挠痒痒的游戏中，一些孩子的耳垂、腋下也成了快感的重要来源。刺激作用于皮肤，不仅可以让人产生快感，还会产生性兴奋。弗洛伊德在探讨性冲动来源的过程中发现了性兴奋。他觉察到，整个人身上的表皮其实都有一定的应激性，而快感区的敏感度则异常高。如果我们曾不经意发现，对皮肤的某些普通刺激也能引起性快感，那也不足为奇。这其中最重要的是温度的刺激对人的作用，这或许可以帮助我们理解温泉浴的治疗效果。

在《性学三论》中，弗洛伊德特别强调了性兴奋的几种来源：

一是机械性兴奋。弗洛伊德发现，有规律地机械晃动身体，会引起性兴奋。他认为，这主要是因为平衡神经所连接的感觉器官、皮肤和深层部分（肌肉、关节等）受到刺激的结果。孩子们都喜欢晃动身体的游戏，如摇摇车、荡秋千、不停地被成人抛到空中又接住。在这些活动中，他们往往是被动进行的，但他们往往乐此不疲，说明这些活动让他们产生了快感。而且在小孩子们哭闹的时候，通过抱着他们轻摇，或者放入摆动的摇篮，他们常常很快就情绪安定下来，甚至会进入甜甜的梦乡。而大一点的孩子则都喜欢开汽车、坐火车、玩各种可以摇晃身体的交通工具，这些活动，究其内涵，弗洛伊德认为，往往是和性活动联系在一起的。而且有理由相信，成人世界中有些人因摇晃而反感坐车，或者有"火车恐惧症"，其背后往往有性的原因。

二是肌肉的活动。弗洛伊德观察到，许多人是在和小伙伴们打架、玩耍或者摔跤的时候，感受到了性器官的第一次兴奋。所以他认为，儿童在激烈的肌肉活动中也会获得愉悦感。人们在被动的状态下也能从他人的动作中感受到性兴奋。有些人喜欢与特定的某个人打架或拌嘴。俗话说，"打是亲，骂是爱"，在这种互动中，除了肌肉的紧张活动外，还伴随着肌肤的接触，这其实恰恰是他们对象选择的结果。我们在恋物癖一讲中曾讲过一个例子，少年被人欺负，多次肢体接触竟让他产生了莫名的兴奋，并在成年时还怀念，甚至最终影响了他的性偏好。这个例子恰恰可以用弗洛伊德这里的观点进行解释。用弗洛伊德的话讲：

"儿童从打架时获得的性兴奋，可能使他们在日后产生性冲动时，也习惯采用如同打架的方式来解决欲望。"

三是情感过程。弗洛伊德认为，比较强烈的情感过程，如恐惧、惊讶等，都与性活动有关。对考试的恐惧以及遇到难题时的紧张，不仅对孩子与学校之间的关系有着重大影响，还可能成为他们在性表现方面取得突破的契机。在这类情况下，孩子往往会不自觉地触摸自己的生殖器，甚至会产生一种类似遗精的过程，使人陷入难堪的境地。许多人都会从恐惧、惊悸和害怕这类并不太舒服的情感中感受到性兴奋，这种感觉甚至会伴随人一生，这也就难怪有那么多人愿意一再地追寻这类感受。弗洛伊德认为，施虐和受虐冲动的根源之一就是在一定的安全范围内，强烈的痛苦也会给人带来性兴奋。

四是智力活动。弗洛伊德甚至认为，不论一个人是年长还是年幼，当他把注意力集中在某项智力活动时，他会精神高度紧张，也会由此产生性兴奋，这就是用脑过度导致人神经兮兮的原因。

总之，弗洛伊德在《性学三论》一书中，对快感刺激的来龙去脉介绍得比较清晰，也比较完整。许多观点，如"快感区非性器官独享""性兴奋的多种来源"等也已经深入人心，成为当下性学观念里的共识。不过，可以说限于当时的人类科学发展水平，弗洛伊德的快感理论更多来自个体的观察和天才的洞见。而在今天的神经科学的视野内，快感研究又有哪些新的发展与发现呢？我们接下来做一些介绍。

为快乐而生

快感的脑神经机制

快感是来源于大脑产生的快乐。在情感神经科学研究中，科学家们通过研究快乐与不快乐的大脑机制，来获取更有效的情感障碍治疗方法。快乐是一种能力，它对于健康的心理功能和幸福感至关重要。在过去的半个世纪里，对快乐的脑神经研究，多集中在中脑边缘多巴胺系统，这是大脑中的快乐发生器。中脑边缘多巴胺系统包含起源于或靠近中脑腹侧被盖区（VTA）的多巴胺神经元，主要上行至伏隔核（NAc）或腹侧纹状体，以及杏仁核、前额叶皮层和新纹状体。中脑边缘多巴胺系统在奖赏中发挥了重要作用。多巴胺的变化决定着人的快感变化：多巴胺神经传递增加，则快感增加；多巴胺神经传递减少，则快感丧失。

总之，多巴胺参与到脑神经的奖励机制中，它使得个体产生"想要"的欲望，促进人们做出有生存价值的行为，如进食和发生性行为。通俗点讲，如果吃到美味，多巴胺分泌就会增加，人们就感到快乐；如果始终无人相爱，则多巴胺分泌减少，人们就感到孤独寂寞冷；就是在这样的奖励机制下，人们为了获得快乐，避免寂寞，就去追求美食美色了。也就是说，正是快感，决定着人们注意哪些外在事物，决定着人们对这些事物的情感反应。

动物的快感体验

快感是生命进化的结果，人有快感毫不奇怪，那么有一个问题：动物会有快感体验吗？比如，面无表情的爬行动物（如蜥蜴），它们会有快感吗？答案是有。加拿大的研究者通过实验证明了爬行动物也能体验到快感。

研究者把一只蜥蜴放到一个由暖灯围起来的饲养室里，同时把普通的食物放在温暖的角落，而将公认的蜥蜴美食放到了寒冷的角落。这时候，只要寒冷角落的温度高过某一特定温度，蜥蜴就会冒险去吃美味佳肴。但是，如果那里太冷，它们就留在原地就近采食。在寒冷角落的食物愈是美味，蜥蜴甘愿忍受的温度就愈低，看来它们把食物的品质和温暖进行了比较。这不可能是一个自发的行为，只能说明蜥蜴是根据美味程度而做的决定，这就意味着它们一定体验到了美味或愉快的感觉，说明蜥蜴也知道感官的快乐。

在另外一个实验中，研究者让蜥蜴学会了避免吃一种怪味食物（这种食物对蜥蜴而言，会让它们产生恶心的感觉）。如果是人的话，会很容易建立这种反射，人一般也都不喜欢曾让自己恶心的食物。换言之，某种食物曾让我产生不愉快的体验，下次我就不吃了。这对于人来说很简单，然而这一过程是由体验愉快感和不愉快感而驱动的。如果有这种快感体验，则容易建立这种反射；没有这种快感体验，则不容易建立这种反射，只能通过本能去吃食物。蜥蜴会避免再吃曾让它不舒服的食物，说明有快感体验。但是同样的反射，用在青蛙身上，它则无法学会避免恶心食物的反射：这次吃了不舒服，下次它还会吃。这说明，爬行类动物（如蜥蜴）是有快感体验的，而两栖类动物（如青蛙）还没有快感体验。"小蝌蚪找到妈妈"的欢乐，只能是我们人类的一种臆想了。

大自然中，每一个物种都会有各种各样的需求：吃、喝、安全、寻找配偶，等等，每一种需求都有动机。作为高等动物，我们人类不仅有快感体验，而且也有比较丰富的情感体验以及比较高级的思维体验。我们的神经系统更高级，也有更高级的快感、情感以及思维能力，在这些心智能力的基础上，我们还能产生更高级的美感体验。

两性欢娱中的性快感

性之满足

饥饿时进食，干渴时饮水，疲劳时休息……在人体的各种需要得到满足时，人体都能产生满足感和快感，而人体最强烈的满足感和快感当首推性满足感和性快感。在弗洛伊德的理解中，性快感的满足只是一种力比多的倾泻；而在神经心理学的理解中，性快感的满足是多巴胺分泌的变化。同时有研究发现，性快感和满足对个人幸福，以及多种积极的身体健康结果都有好处，如更长寿、对疼痛的敏感度更低和对疼痛的耐受性更强，等等。愉快的性经历产生的幸福感会进一步为自己和伴侣带来更大的性满足。绝大多数女性和男性都认为，性享受可以提高个人的整体生活质量，对他们个人和他们伴侣的关系质量很重要。性快感的体验对一般人的幸福来说，无疑是至关重要的。同时，我们也可以看到，性活动并非单纯为了获得感官的刺激和满足，而是人体的生命活动所需。

心理学家希尔和普雷斯顿提出的性动机模型认为，人们在性的过程中，体现了八个方面的渴望：

- 得到伴侣珍视。
- 向伴侣展现价值。
- 从压力中解脱。
- 在生理上和情感上为伴侣提供照顾。
- 增强个人力量的感觉。
- 体验伴侣的力量。
- 体验愉悦。
- 生育。

性快感的差异

在两性交合过程中，通过多巴胺等化学物质的释放，通过触摸、拥抱等身体刺激，通过性唤起最终获得性高潮，天地交合之后人会产生极大的愉悦体验，从而增加双方整体的关系亲密度。不过在这个体验过程中，两性还是有许多方面的不同。

研究表明，人们的性唤起活动存在巨大差异。男性尤其受到视觉图像的刺激：大约 90% 的年轻男性经常观看色情内容。男性和女性在看到色色的图片时，女性的性唤起比男性少。对于这一现象，一种理论的解释是，对女性来说，一个不熟悉的男人，即使他很有吸引力，也可能具有威胁性。从进化的角度来看，女性会更仔细地对伴侣做选择，而男性更有可能被任何有吸引力的潜在伴侣唤起。性唤起通常是伴侣之间激情和承诺的标志。在其他时候，它可能只是开车过桥、看恐怖电影或坐过山车的残余效果。研究发现，由恐惧或（非性）身体兴奋产生的高唤醒状态，如心跳加速或手掌出汗，很容易被个人误读为那些时刻与他们在一起的人的吸引力的结果。

不过在生活中，我们也会有一些对两性差异的误解。比如，许多人认为性活动中，女人更需要性活动中的前戏互动；男人则不怎么需要，直接披挂上阵即可。但是研究发现，男性平均需要 18 分钟的前戏，女人平均需要 19 分钟的前戏，两性的需要其实是差不多的。另外一些研究发现，较长的前戏可以提高男性和女性的关系满意度，所以好饭不怕晚，两性欢娱可以慢慢来。

可以说，快感充斥在人类生活的方方面面，从饥饿进食到繁殖后代，从外到内，均有所体验。

我们的身体是为快乐而生的。人类头部有大约 8000 个神经末梢，其唯一目的是愉悦。无论是演奏乐器、跑步、跳舞，还是做爱，人类都能够体验到快感，甚至是沉醉其间的心流。既然我们已经进化出了这么复杂的感受世界的方式，我们就应该充满热情地去生活，像弗洛伊德所说的那样，多方面寻找能够带给我们快感的刺激，一起摇摆，相亲相爱。

第九章
恋母情结：影响一生的三角爱

一生二，二生三，三生万物。

人间悲剧《俄狄浦斯王》

《俄狄浦斯王》是在欧美国家可谓家喻户晓的古希腊经典悲剧。在剧中，俄狄浦斯出生之前，他父亲国王被告知受到了诅咒，说其会被自己的儿子杀死。这让谁听了都会担心。为了避免诅咒应验，他父亲故意不与妻子同房，结果还是不小心生下了俄狄浦斯，真是天意难违！父亲本来想杀掉这个孩子，但又舍不得，便将他遗弃了。但是，命运之手显然在暗中运作，邻国的国王捡到了俄狄浦斯，然后把他当成自己的孩子来抚养。这样，俄狄浦斯后来便成了邻国的王子。接下来，再次如同命中注定，俄狄浦斯在不知情的情况下，杀死了亲生父亲，成为国王，并娶了自己的亲生母亲，还生下了两儿两女。俄狄浦斯在得知真相后，这种弑父娶母的事实让他无法原谅自己，便戳瞎了自己的双眼，漂泊四方，最终客死他乡。

俄狄浦斯的故事深入人心，但怎样理解这个故事却见仁见智。从心理学的角度，可以把俄狄浦斯的经历理解为一个被遗弃的孩子寻找自我的过程。当然，弗洛伊德对这个故事的解释影响更大，那么他是怎么理解这个故事的？我们所熟知的"恋母情结"，或者说俄狄浦斯情结，究竟是什么意思？又有什么影响？弗洛伊德怎么就从俄斯浦斯王的故事中看到了儿童的性发展？

弑父娶母：弗洛伊德的恋母情结观

恋母情结是怎么发现的

关于恋母情结，早在 1897 年，弗洛伊德就在与朋友的通信中提到了这一发现：

"我在我自己身上发现了，在我的病例中也发现了，陷入对母亲的爱而嫉妒父亲，并且现在我将其看作童年时期的一个普遍事件，即使它不像患歇斯底里症的儿童出现的那样早（与妄想狂虚构的出身传奇如英雄、宗教奠基人相似）。如果是那样的话，我们就能够理解，这个吸引人的俄狄浦斯王的力量……并且我们能理解为什么命运之剧必定会落到如此悲惨……"

而作为一种理论公开发表则是在 1900 年出版的《梦的解析》中。在这本书中，弗洛伊德强调了俄狄浦斯情结在无意识欲望中的重要作用：

"我们所有人的命运，也许都是把最初的性冲动指向自己的母亲，而把最初的仇恨和原始的杀戮欲望针对自己的父亲。"

恋母情结是怎么发生的

弗洛伊德认为儿童在性器期（3 ~ 5 岁）时，男孩会出现恋母妒父的情绪，潜意识中想取代父亲独占母亲的爱，这种依恋母亲而憎恨父亲的矛盾情感（一直影响到长大成人）就是恋母情结，而这种情结恰恰在希腊悲剧《俄狄浦斯王》中得到了展现，所以恋母情结也称为"俄狄浦斯情结"。

而与恋母情结相对应，女孩则产生伊莱克特拉情结，即恋父情结。她们的爱之对象从母亲转向父亲，这一情结在女孩意识到自己没有"阳具"时达到顶峰。这如果不能很好地得到解决就会成为未来神经症的根源。当然，在弗洛伊德的论述中，更多谈到的是男性的恋母情结，对于相应的女孩的恋父情结谈得不多。

在弗洛伊德的理论中，恋母/恋父情结是一个非常重要的概念，它是个人人格发展的一个重要因素，甚至后来弗洛伊德还用它来解释文化与社会的起源。

在《性学三论》的幼儿性欲这一论中，弗洛伊德对俄狄浦斯情结进行了多方面的表述：

"我们不难看见男孩要独占母亲而不要父亲；见父亲拥抱则心不安，见父亲离开则满心愉快。他常坦直地表示自己的情感，而允许娶母为妻……反过来就女孩来说，也是如此。女孩常迷恋自己的父亲，要推翻母亲取而代之。

"还要比一层，我们也不能轻轻放过，就是，母亲照料女孩的需要和照料男孩并无不同，然而绝不会产生同样的结果；父亲对于男孩的照料也常无微不至丝毫不亚于他的母亲，但是得不到孩子对母亲那样同等的重视。总而言之，无论如何批评，都不足以消除这个情境所有性爱的成分。"

在这里，很明显，弗洛伊德把恋母情结的原因归结为性，是幼儿的性欲冲动产生了这一情结，所以所谓的性器期也称为俄狄浦斯时期。弗洛伊德认为，在这个时期内，幼儿的快感源头由最初的口唇、肛门发展到了性器官，最初的指向是自己的母亲，他们对其非常依恋，也认为自己应该获得母亲全部的爱。但是后来，他们发现，这种爱并非独享的，母亲或许更爱的是父亲，于是便产生了代替父亲的位置而占有母亲之爱的欲望，这样，恋母仇父的恋母情结便产生了。

恋母情结是怎么终结的

具体来说，在最初的口欲期的时候，孩子在吮吸乳房的过程中产生了对母亲的关注，进而依恋。同时男孩会以父亲自居的方式，即把自己当作父亲本人来应对父亲，对母亲的依恋与对父亲的自居两种关系同时存在。而到了性器期，孩子对母亲的性欲望增强，对父亲的仇恨也增长，以父亲自居就带上了敌意的色彩，他希望驱逐父亲，并取代其对母亲的位置，就引起了我们说的俄狄浦斯情结。那么一个孩子，尤其是一个男孩在成长中，如何化解对母亲的爱，以及对父亲的恨呢？如何解除杀父娶母的俄狄浦斯情结呢？

弗洛伊德在 1921 年出版的《群体心理学与自我分析》中解释说，当小男孩注意到，父亲横阻在他和母亲之间，但自己却没有能力击败父亲时，就会形成一种矛盾型的认同，他憎恨父亲，又想成为父亲那样的人，可以拥有母亲。于是，小男孩会表现出对他父亲特别感兴趣，他处处模仿父亲，希望自己长大之后成为父亲，取代父亲的位置，那样父亲所拥有的就会是他所拥有的。既然他认同了父亲，"长大后我就成了你"，那么就会把父亲当作其自我的一部分，这种认同过程之后，成为父亲或者占有母亲的目的就达成了，这样就与父亲达成了和解。

此外，弗洛伊德还认为，处在俄狄浦斯情结中的男孩突然发现，母亲对他的爱并不完整，她或许还爱自己的父亲更多一些；同时，男孩认为父亲的强大是难以攻克的，而且这样下去自己的"小鸡鸡"也比较危险——弗洛伊德认为男孩此时都有一种"阉割焦虑",害怕自己的"小鸡鸡"被人割去——所以男孩不由得服从父亲,从而压抑自己的欲望,进入人生另外一个阶段,即弗洛伊德所说的性潜伏期。而俄狄浦斯情结的瓦解就像小孩的乳牙要脱落一样,是一个必然的,也是一个自然的过程。

当然,在这一过程中,如果俄狄浦斯情结没能得到很好地解决,比如遇到一个过于严厉的父亲,或者一个过于自私的母亲,孩子没有成功过渡到性潜伏期,就可能导致各种心理问题的产生,从这个意义上说,正如弗洛伊德认为的,俄狄浦斯情结是神经症的核心。具体来说,弗洛伊德认为:

"男孩的任务在于使他的力比多欲望离开他的母亲,并将它转移到外部的实在客体上;在于与父亲言归于好,如果他对父亲存有某种敌对性的话;或者在于,作为对他幼儿期反抗的反应,父亲将他变为顺从的奴隶时,他要摆脱他的暴政。这些任务强加给每一个人,它们很少能够通过一个理想的方式成功地完成。神经症患者在这些任务中彻底失败,男孩将他的整个活动都屈从于父亲的权威,并且无法将他的力比多转移到外部的性客体上。女孩的出路,经过必要的修改,可能也是这样。正是在这个意义上俄狄浦斯情结可以被看作神经症的核心。"

弗洛伊德本人的恋母情结

弗洛伊德的童年

作为恋母情结的提出者,弗洛伊德具有典型的这种恋母仇父的矛盾情感吗?必须有。可以说,恋母情结一是来源于他天才的创造力,也来源于他对自身童年生活的自我分析。

弗洛伊德生长在一个老夫少妻的家庭,其父亲比母亲大20多岁。弗洛伊德的母亲是父亲的第二任妻子,他则是年轻母亲的第一个长子,当然,他也是众多兄弟姐妹中母亲的最爱。因为长子的身份,他在家中也被当成一个特殊的人对待。据弗洛伊德的妹妹说,他所说的话和愿望受到了家里每个人的尊重。正是弗洛伊德为弟弟取名亚历山大,以及在弗洛伊德11岁的时候,他要求把安娜和姐妹们的钢琴从公寓中搬走:因为钢琴声干扰了他的学习。

毕竟兄弟姐妹众多,这可能依然会增强弗洛伊德被替代和失宠的感觉。虽然母亲有爱,但童年期的人对爱的需求是无止境的,那时他也产生了想要独占爱的冲动。他自己后来回忆,要是没有全部的爱,他根本不会满足。

弗洛伊德在童年时受到了母亲百般疼爱,他是兄弟姐妹中最有特权的那个,甚至有的时候还是父亲的角色。这让他在兄弟和父亲之间的角色有很多的混淆,在感觉到特权的同时,也感觉到自己被人拒绝。他也多次提及自己对于父亲的矛盾情感,因此，弗洛伊德之所以对父母与小孩的角色产生混乱，可能是由弗洛伊德在家族成员担任不同的角色，以及父亲在家庭中作为养育者的角色所造成的。这些经历无疑成了恋母情结观点提出的背景因素。

弗洛伊德的恋母情结

弗洛伊德提出了恋母情结观点，产生了一些影响，也遭到了一些质疑。精神分析社会学派大师弗洛姆不满后人对弗洛伊德的误解，决定对弗洛伊德做一次精神分析，以魔法打败魔法。

他首先分析了《梦的解析》中弗洛伊德关于母亲的两个梦。在一个梦中，弗洛伊德走进厨房找吃的，但厨房里的女子说让他等等，他感到不耐烦，委屈地走了。在另一个梦中，弗洛伊德想穿大外套，但一个留着小胡子的陌生人走过来，竭力阻止，说外套是他的。

弗洛姆指出，在第一个梦境中，我们看到的是弗洛伊德希望母亲给他东西吃的愿望，这里可以是照料、爱、保护、赞美的象征，但母亲没有满足，他就激动到不耐烦了，这是一个受到母亲宠爱的男孩的典型反应，他觉得有权得到母亲立即的和完全的注意。而第二个梦中，他去穿外套，象征着去侵占父亲的地位，但很明显，他遭到了父亲的阻拦。在这个梦境中，具有典型的恋母情结的意象。

同时，在生活中，弗洛伊德对母亲的依恋也导致了他极大的不安全感，表现为口欲期固着、饥饿恐惧和旅行陪伴。弗洛伊德每天要吸烟20支，后来患了口腔癌，这体现了他口唇的欲望之强。口欲期固着还体现在他存在贫困恐惧，用他自己的话说，是"饥饿恐惧"。此外，弗洛伊德的不安全感还体现在外出旅行需要陪伴，他很少单独出行。他每次出行，或者需要学生陪伴，或者需要妻妹的陪伴。是的，你没有看错，弗洛伊德出行中，很少带自己的老婆，而是带常住他家的小姨子（妻妹）出游。现在有研究发现，1898年夏天，他们两人在阿尔卑斯山曾度假两周，以夫妻的名义居住一个房间。当然，关于弗洛伊德与妻妹的婚外情真伪，也是心理学史上有争议的事件之一，这里不多说。

不论弗洛伊德是否有婚外情，他的不安全感在弗洛姆的分析中是实锤的，弗洛姆分析说：

"旅行常常象征着离开母亲和家庭的保护，无依无靠，断了根基。因此，对强烈依恋母亲的人来说，旅行经常是危险的体验，是一种冒险，必须特别小心。"

弗洛伊德的恋母情结还体现在其与妻子的关系上。婚前，他可以说是一个狂热、多情并常有恋人间的妒忌表现，但婚后却表现得缺乏主动的爱和热情，像前面说的，外出旅行也不带妻子。弗洛姆对此的分析是：婚前的弗洛伊德有着男人强烈的征服欲和控制欲，而婚后，这种欲望不能进一步得到满足，妻子就只剩下一个职能——母亲的职能。

恋母情结随处可见

弗洛伊德的恋母情结观点虽然在心理学界内部有一些争议，但却确确实实地影响了文艺创作，甚至社会生活。一方面，俄狄浦斯情结本身就是源自对文艺作品的分析，弗洛伊德通过对《俄狄浦斯王》经典悲剧故事的分析发现了人类内心深处的矛盾情结；另一方面，这一情结的发现也使得人们可以通过弗洛伊德的理论来对文学艺术作品以及作家或艺术家的深层心理进行深入探讨。

弗洛伊德认为，艺术就是一种本能的欲望，是力比多的一种表现形式：其一，艺术家通过改变和伪装他的利己主义的白日梦以软化它们的性质；其二，在艺术家表达他的幻想时，他向人们提供纯形式的——亦即美学的——快乐，以取悦于人。

很明显，恋母情结为艺术审美打开了一扇门，人们以此为工具，分析文艺作品，分析社会现象，分析个人成长……可谓到处都是恋母，随时可见情结。通过研究恋母情结，东西方的人们对许多作品有了更新的认识，它也影响了后世的各种文艺创作和社会生活，恋母情结理论在社会生活中可以说有着方方面面的表现，经久不息，直到今天。

在文学上，劳伦斯的《儿子与情人》就是以恋母情结为出发点，再现了葛楚德与儿子保罗之间超越了母子之爱的感情，母亲以对儿子的爱来填补丈夫的落魄造成的情感空白，而儿子也沉浸在母亲的情感中难以自拔。张爱玲的小说《心经》从女性角度出发，以对应于恋母情结的恋父情结为出发点，描述了女儿对父亲天真但有些畸形的爱恋。

在影视中，有的强调恋母情结中的对母亲的痴爱，如西方的《教师别恋》，展现了男学生恋女老师；而东方的《晚娘》则是继子爱后母的故事。有的强调恋母情结中的对父亲的畏惧，如在《闪灵》中，父亲拿着斧子追赶儿子；而在《猎人之夜》中，继父为了金钱恐吓儿子……

在生活中，从不断发生的社会热点事件中，我们也能看见恋母情结的影子：王菲与谢霆锋的恋情、《神雕侠侣》杨过与小龙女故事的热播，等等。甚至在我们的语言中，也包含了一些恋母情结的因素。我们常听到有人在恋爱择偶时会说，"我是大叔控""我是御姐控"，在这里，"控"源自日语，而日语则源于英文"complex"，而 complex 译成中文就是"情结"，所以所谓"御姐控"就是"恋母情结"转来转去的变体，而很明显，大叔控就是恋父情结的展现了。

第十章
偷窥：人人都是孤独的性学研究者

当你凝视深渊，深渊也在凝视你。

民间故事中的偷窥欲

偷窥因为具有隐蔽性的特点，在现实生活中可能很少被发现，但是在反映现实生活的文艺作品中，却常常是屡见不鲜的桥段。已经上了小学语文课本的经典民间故事《牛郎织女》，其实就是一个暗含"偷窥"情节的爱情故事：

（在会说话的老牛唆使下）牛郎翻过右边的那座山，穿过树林，走到湖边。湖面映着晚霞的余光，蓝紫色的波纹晃晃荡荡。他听见有女子的笑声，顺着声音看，果然有好些个女子在湖里洗澡。他沿着湖边走，没几步，就看见草地上放着好些衣裳，花花绿绿的，件件都那么漂亮。里头果然有一件粉红色的纱衣，他就拿起来，转身走进树林。

他静静地听着，过了一会儿，就听见女子们上岸的声音。只听见一个说："不早了，咱们赶紧回去吧！咱们偷偷地到人间来，要是老人家知道了，不知道要怎么罚咱们呢！"过了一会儿，又听见一个说："怎么，你们都走啦？难得来一趟，自由自在地洗个澡，也不多玩一会儿？——哎呀！我的衣裳哪儿去了？谁瞧见我的衣裳了？"

牛郎听到这儿，从树林里走出来，双手托着纱衣，说："姑娘，别着急，你的衣裳在这儿。"

姑娘穿上衣裳，一边梳她长长的黑头发，一边跟牛郎谈话。牛郎把自己的情形一五一十地说了。姑娘听得出了神，又同情他，又爱惜他，就把自己的情形也告诉了他。

虽然叶圣陶老先生在整理这个民间传说时，对这个故事进行了去情色化的描述，但细品其间，仍可发现一个讲述偷看女性洗澡，用衣服留人，最终男欢女爱的故事。可以说，每一个民间故事的流传都隐含着人类心底的深层欲望。那么偷窥是人类的普遍欲望吗？人类的偷窥心理是如何形成的？弗洛伊德及其后来的研究者们又是如何理解偷窥心理的呢？

好奇心：弗洛伊德的偷窥观

一切源于好奇心

偷窥，顾名思义，"偷"指窃取，"窥"指窥视。偷窥指的是在未经他人同意的情况下，暗中偷看别人隐私的行为。而窥视在现代的意思是，掩饰自己的视角，躲在暗处观察，通过视觉得到自己未知且想要了解的事物的信息。根据弗洛伊德的观点，对别人的窥视欲是一种普遍的心理，来自童年和对自身来历的好奇心，"每个人的潜意识中都有窥视他人的欲望"。

弗洛伊德认为，婴儿在出生之后处于一种无知的状态，对世界、对所有的事物都怀有一种"什么都很新奇"的好奇心和探索欲。在3～5岁之间，随着儿童性生活达到第一次高峰，求知或探索本能也出现了。咿呀学语的儿童最常问父母的问题就是"我是从哪里来的""我是男孩还是女孩，为什么"，等等。这种求知欲既不是性冲动，也不能说是性欲，但明显受到性问题的强烈吸引。

在弗洛伊德的论述中，促使儿童积极探索的不是理论上的热情，而是实际的兴趣。在孩子们的经历或臆测中，都有另一个孩子的到来威胁到他们生存地位的故事。他们担心一旦此事成真，新来的孩子就可能夺取原本属于他们的关心和爱护，这使得他们变得敏感，甚至惶恐不安。所以他们研究的第一个问题不是两性差异，而是"孩子是从哪儿来的"。其实，这种论述与弗洛伊德本人的经历密切相关。在他小时候，作为家里的长子，他就担心后来的兄弟姐妹剥夺母亲的爱。

随着年龄的增长，孩子也能毫无困难地认识到两性之间的差异，但是男孩却想当然地认为，所有他认识的人都跟他一样具有阳具，没有这个东西的人，绝不会出现在他的观念里。而对女孩来说，也是一样，认为人们都没有。20世纪初英国著名性学家霭理士认为，对于两性的认识应该越早越好。如果一个儿童在童年发育时期内，始终没有见过异性儿童的裸体形态，就可能会引起一种病态的好奇心理。或者他或她突然见到异性成年人的裸体形态，在精神上会受到很痛苦的打击。

从好奇到偷窥

年幼的孩子对性和排泄等问题充满好奇，这原本只是出于本能冲动和求知欲望，然而很明显，这些问题对成人而言略显尴尬，部分父母认为小孩子不需要知道成年人的事情，对孩子的"我从哪来"等问题用"垃圾桶里捡来的""仙鹤送子"等来搪塞。弗洛伊德认为，儿童关注婴儿的来源、两性差异以及生殖器的未来用处等问题，如果对这些问题，他们只得到不完整、错误的答案或者没有答案，儿童的性好奇心就会达到顶峰。这种好奇导致他们想要探索未知的世界，但是又缺乏安全感，家长不愿意他们知道此类问题，而他们也不敢直接去观察、探索和发现，所以孩子只能寻求窥视。

正如霭理士所说："平时禁得越严的事物，我们越是要一探究竟。"这是人性的一部分。在中国古代，女性服饰多是完全包裹式的，大部分的身体部位被掩藏在厚重的衣服中，因此，在很多中国文学作品中会出现偷窥的情节。一时间窥视成了禁忌之下人们的一种"反叛"。在当代西方文化中，对个人隐私非常尊重，每个人的私生活都是得到法律保护和社会文化尊重的，随之而来的一个问题却是，偷窥隐私的文艺作品往往却大行其道。在电影《偷窥》中，公寓里每个房间被安装了摄像头，而在电影《楚门的世界》中，则专门设计了一个看似完美的世界，供公众来窥探一个人的成长。

可以说，偷窥是一种普遍的心理需要，但必须受到法律与文明的约束，就如同性需要是正常的，但滥性就是一种病态。一个人如果只有通过偷窥才能满足性需要的话，那么就会形成偷窥障碍（voyeuristic disorder）或偷窥癖。在美国《精神障碍诊断与统计手册（第五版）》中，提供了偷窥障碍的三条诊断标准：

- 在至少 6 个月的时间内，通过观察毫无戒备的裸体对象，在脱衣过程中，或者通过幻想、冲动或行为表现出性活动，并反复出现强烈的性唤起。
- 对无意识的人的冲动或因性冲动而"在社会、职业或其他重要功能领域经历临床上的痛苦或损伤"的行为。

- 经历性唤起或者经历冲动行事的人至少 18 周岁。

从性的偷窥到特质偷窥

与男性将偷窥欲望赤裸裸展现于小视频不同，很多女性的偷窥是属于"爱管闲事型"的，比如沉浸在真人秀的节目中，借此来满足自己偷窥的快感。当下，国内外的各种真人秀节目大行其道，关于明星的八卦消息充斥大小屏幕，其实这也是满足了公众窥探他人隐私的需要。

真人秀节目虽然表面上形态各异，但其内核在于给公众提供一种简单合法窥探他人生活的途径。研究表明，偷窥倾向确实与真人秀的喜欢度相关，反过来，一些真人秀确实也是为了满足人们的偷窥癖好而制作的。当然，在这里的偷窥已经不是性意义上的偷窥了，偷窥成了一种通过安全方式获得特别信息经验的行为，研究者认为这是一种"特质偷窥"。

其实，在真人秀之外的各种流行的文艺作品中，不论是性的偷窥，还是特质偷窥，都有许多成功的案例。

在余华的小说《兄弟》中，作者描述的基本是弗洛伊德讲的性的偷窥：李光头 7 岁那年和继父的儿子偷窥母亲和继父的性行为，而他在模仿中发现了性快感，但在他看来这仅是一种玩乐的方式。这种无意间"学习"到的性游戏，只是为了满足其本身的性快感和好奇心。

而在电影《楚门的世界》中，满足的是性之外的特质偷窥。

一档真人秀节目在摄影棚中搭建了一个虚拟的世界，一个孩子在里面真实地成长，那些在摄影棚外的、窥视楚门从出生到成长全过程的人主要是想窥探他人的生活，获取特别的信息。

当然，牛郎偷看织女洗澡，猪八戒偷窥蜘蛛精沐浴，《金瓶梅》《红楼梦》《大红灯笼高高挂》等东方文学艺术作品中充满了偷窥的意象；而在西方文艺界，各种情色影视、真人秀也是偷窥的内容大行其道。古往今来，从东方到西方，偷窥似乎是生活中极其常见的东西，也是每个人潜意识里的一种常见的欲望。

第十一章
食与色：二欲皆本能

爱情的味道，究竟是哪一种食物的味道？

食色皆本能

"生命的价值和生命价值的高下，现在可以不论。单照常识判断，便知道既是生物，第一要紧的自然是生命。因为生物之所以为生物，全在有这生命，否则失了生物的意义。生物为保存生命起见，具有种种本能，最显著的是食欲。因有食欲才摄取食品，因有食品才发生温热，保存了生命。但生物个体，总免不了老衰和死亡，为继续生命起见，又有一种本能，便是性欲。因性欲才有性交，因有性交才发生苗裔，继续了生命。所以食欲是保存自己，保存现在生命的事；性欲是保存后裔，保存永久生命的事。饮食并非罪恶，并非不净；性交也就并非罪恶，并非不净。饮食的结果，养活了自己，对于自己没有恩；性交的结果，生出子女，对于子女当然也算不了恩。——前前后后，都向生命的长途走去，仅有先后的不同，分不出谁受谁的恩典。"

上面这段话来自大作家鲁迅，鲁迅在 1920 年左右就接触到了弗洛伊德的观点，他的许多创作也受到了弗洛伊德的影响，一些作品，如《故事新编》《彷徨》中的一些情节都带有精神分析的意象。确实，从人工取火技术的发明到农耕文明的出现，从茹毛饮血到煎炒烹炸，生命的存在需要食物来维持，而人类的存在需要性来维持。在这段文字中，鲁迅对于性的态度与弗洛伊德是一致的，饮食和性爱都是本能，无所谓罪恶和洁净。

弗洛伊德眼中的食与性

食色同源

和鲁迅一样，许多心理学家也谈到了食欲与性欲对于人的重要作用，如霭理士认为，人以及一般动物的两大基本冲动是食与性，或食或色，或饮食或男女，或饥饿或恋爱。它们是生命的动力的两大源泉，并且是最初的源泉。在中国古代文化中，也把饮食和男女之事并称为人生两大驱动力，所谓"饮食男女，人之大欲存焉"。但是，在这里我们可以看到，在这些观念中，食欲和性欲是并行的概念，两者分别起作用，彼此并没有交集。然而在弗洛伊德的理念中，食欲与性欲却是相互作用、对立统一的。

　　弗洛伊德认为，人类对食物和性的欲望归根结底来源于最原始的本能行为。弗洛伊德发现，人的潜意识世界是各种本能欲望、情绪所构成的非理性王国，归根结底，它起源于人的先天的本能。他认为，本能是人的生命和生活中的基本要求、原始冲动和内驱力。他主张人的本能包括生的本能和死的本能，前者表现的是爱和建设性的能量，后者表现的是恨和破坏性的能量。

　　作为知名的"泛性论"者，弗洛伊德提出的观点是，真正的生的本能就是性本能。具体来说，在《性学三论》这本书中，在幼儿性欲部分，他详细阐述了口欲期的孩子，食欲与性欲是如何统一在一起的。婴儿出生后需要通过吮吸母亲的乳汁来维持基本的生理需求，因此在他看来，母亲就是他生命的源泉，是他无所不包的庇护力量，也正如弗洛姆所说，"母亲就是食物，就是爱，就是温暖，就是大地"。弗洛伊德在《性学三论》中进一步明确，幼儿吮吸乳房是整个性生活的起点，是后来各种性满足的原型，在需要的时候，往往通过幻想来自慰。这种吮吸使母亲的乳房成为首要的性本能对象。但是，婴儿在其吮吸吮动中一旦放弃这种对象，他就会用自己身体的一部分取而代之。他开始吮吸自己的拇指或口舌，以获得非外界来源的快感。最简单的方式是有节律地吮吸皮肤或黏膜的一部分以获得满足；同样不难猜测的是，它也会出现在孩子力求恢复快乐经验的时候，而吮吸母乳或替代品是使孩子得到快乐的最早和最重要的活动。

这样，在弗洛伊德所称的口欲期，孩子的快感区集中在口腔，热奶的流入无疑会带来快感，快感的满足最初与营养需要的满足不可分离。当一个婴儿满意地离开母亲的乳房，面颊绯红、笑脸盈盈地进入梦乡时，而这一定会让你联想到成年人获得性满足时的表情，只不过此时不断重复性满足的需要已区别于营养需要。弗洛伊德观察到婴儿非常喜欢反复地做吸收营养时的动作，但并不是真的需要更多的食物，即并非受到饥饿的驱使，他将其称为"享受性吮吸"（pleasure-sucking）。

在这里，弗洛伊德提出了"食色同源"的观点，即在最初的时候，快感区的满足和食欲的满足是同步产生的。人类的性行为最初是与维系生存的功能紧密结合在一起的，随后才从中独立出来。

双向作用

性欲从食欲中独立出来后，彼此就天各一方，再无交集了吗？并非如此，弗洛伊德又提出了食欲与性欲彼此影响的双向作用假说。弗洛伊德认为，食欲和性欲是相互影响的，一方面，其他机体功能会影响到性兴奋，如在口欲期，嘴唇的吮吸功能既能带来食欲的满足，也能带来性的兴奋；另一方面，性冲动也会反过来作用于其他机体功能，比如在口欲期，如果吮吸中未能达到性的满足，那么可能会由此引发进食类障碍。

"由性干扰引起的一些精神病，其症状也可以表现为某些与性无关的功能障碍，只要明白了其他机体功能也会成为性兴奋的作用对象，这一现象也就不再神秘了。"

这里我们可以举个例子来验证弗洛伊德的观点，比如有些人失恋后导致了暴饮暴食，就类似于这里所说的性的问题没有得到满足，最终导致了饮食的问题，甚至影响到了心理健康。在这里，从最初的进食产生性满足，反过来，性不满足也会产生饮食障碍。

在中文里，我们常常用同一个字来修饰食欲和性欲的对象，即"美"，所谓"美食""美色"，这也象征着食欲与性欲不分家。弗洛伊德认为，"美"和"吸引力"最初是性对象的属性。美并没有任何明显的用途，在文化目的中的必要性也不明显，但是文明不能没有美。精神分析中对美的说法提到的比较少，但它从性的感受领域里获得的东西是值得肯定的。不论是"美食"，还是"美色"，归根结底都是人对美的原始冲动。

一个现实生活中的案例是，随着当代互联网的迅速发展，"吃播"在 2014 年盛行以来，便成为几千万受众热衷的综艺形式，并成为大众审美的一种亚类型。它将人们"吃食物"的过程作为审视对象，以激发人们的"食欲"美感效果，同时还夹杂了主播有意的身体化展示并与"性"欲望扯上关系。有研究者将其归为"欲望的狂欢"，认为"吃播"是提供了肤浅、恶俗的欲望发泄式的快乐。确实，大多数"吃播"主持人都是"美女"或"帅哥"，在营造"吃"的美感的同时，用外貌美刺激观看者的性意识，达到适当范围内"食欲"与"性欲"的双重展示。

美食与美色的分分合合

吃是吃，性是性

不过，对于食与色的关系，人们直觉上是反对的，食欲和性欲有什么关系呢？鲁迅虽然在创作上受过弗洛伊德的影响，但是他在这方面却反对弗洛伊德的观点：

"婴孩出生不多久，无论男女，就尖起嘴唇，将头转来转去。莫非它想和异性接吻么？不，谁都知道：是要吃东西！

"食欲的根柢，实在比性欲要深，在目下开口爱人，闭口情书，并不以为肉麻的时候，我们也大可以不必讳言要吃饭。……"

其实，许多心理学家也认为，弗洛伊德将性的地位高高举起，而忽略了真正维持人类生存的基本需求是食物和水。当人们在挨饿时，他们的首要任务就是生存，而不是生育。由饥饿引起的化学物质变化推动身体、认知、情感和行为的变化，最终影响性方面的一切。不过就这一点来说，其实也可以理解，从弗洛伊德自身的成长经历来看，虽然他出身并非大富大贵之家，但因为身为家里长子，自小就受到百般宠爱，在他的一生中，他从未担心过饥饿带来的生存问题，没有感到吃饭之难。所以在他的理论中，只关注到了性欲，食欲就没有那么重要了。

性欲与食欲不可分割

从另一方面说，弗洛伊德对食欲与性欲关系的强调也不是没有道理，莫言的长篇小说《蛙》中描述道：

"吃草根树皮的日子终于结束了，饿死人的岁月一去不复返了。我们的腿很快就不浮肿了，我们的肚皮厚了……与此同时，那些吃饱了地瓜的女人们的乳房又渐渐大起来，她们的例假也渐渐地恢复了正常。那些男人们的腰杆又直了起来，嘴上又长出了胡须，性欲也渐渐恢复。"

人只有当食欲得到满足、生存得到保障之后，才有精力去追求肉体欢愉所带来的生理满足。莫言笔下的小说人物展示出的以满足人的生理欲求为基础的性欲冲动是一种源自个体生命的原始欲望。

而且，在文学作品之外，关于进食与性的科学心理学研究中，人们也发现了"食色"不可分割的关系。

研究发现，病理性进食障碍似乎和非常态的性行为、非传统的性别角色以及非异性恋取向有关。病理性进食障碍，不论是暴食症，还是厌食症，饮食障碍群体常表现出非常态的性行为。对女性饮食障碍者的研究发现：一方面，与控制组的女性相比，暴食症女性往往有更多的性活动和性经历，换句话说，食欲旺盛，和性欲旺盛是紧密相连的。暴食症女性的食欲不容易满足，对性的渴望也更强烈。另一方面，对厌食症女性来说，她们的性兴趣更低，性焦虑程度更高，感觉到自己没有性能力，其在女性性功能量表上的得分也低于控制组的女性，并有更多的性功能紊乱症状。通俗点讲，对饮食的厌恶和对性的冷淡是密切相关的。总之，饮食失调的女性表现出生理、行为和情感功能受损，与正常女性相比，饮食失调的女性经历更多的性功能障碍，如阴道润滑和性欲下降，以及更多的性焦虑和性不满。

其实，饮食障碍往往表现出性失调的现象，这一结论不是女性独享，对男性也适用。对男性来说，性别角色的男性化和进食障碍有负相关，即男性性别角色和社会"常规"越背离，其进食障碍的可能性越高。

确实，我们在实际的心理服务中也会发现，病理性进食障碍，如暴食症或厌食症，其背后往往隐藏着童年的性不良经历，委屈的童年、恶性的人际交往、自尊的缺乏，往往是这些问题背后的原因，所以从这个意义上说，弗洛伊德的观念没有错误，饮食问题背后常常有性的问题，甚至饮食的问题常常就是性的问题。

更进一步，不仅进食的内容包含性的因素，进食的方式也具有性的意味。比如，我们可以从进食的方式上看到两性关系的水平。在公共场合，如果你看到一个人喂另一个人吃东西，这往往意味着背后两个人有更深入的身体接触，而这两个人不一定是亲子关系。

第十二章
自恋：魔镜啊魔镜，谁是世界上最美的人

一个人，眼中都是他人，是迷失了自己；
眼中都是自己，是拒绝长大成人。

世间绝美水仙花

在英文中，水仙花是 Narcissus（那喀索斯），这是古希腊神话中一个美男子的名字。那喀索斯刚出生时，他的母亲就急于想知道儿子的命运，她跑去恳求先知为儿子占卜。先知说："这孩子可以活很久，只要他不认识自己。"先知的意思是那喀索斯长得太美，美到令自己也会沉迷，唯一的破解方法是让他无法"自我欣赏"。于是那喀索斯的母亲想尽办法不让儿子看到自己的样子，从小到大从不让他照镜子。

那喀索斯长大后，每个遇到他的人都非常喜欢他。虽然从来没有看到过自己的脸，但他从别人的反应中知道自己一定很美。越是

自己无法了解的东西，人们的好奇心往往越强。时刻想知道自己有多美的那喀索斯更是这样，他渐渐地长成了一个只关心自己的青年人。终于有一天，那喀索斯在林间的小河边看到了自己的倒影，他简直是百看不厌，从此他常常一个人在河边顾影自怜。

看着看着，他忽然产生了幻觉，发现水中自己的影子变成了一位美丽的仙女。那喀索斯立刻爱上了她，惊喜万分地对她说话，仙女也微启朱唇，可是那喀索斯却听不到她在说什么。那喀索斯伸开双臂想去拥抱仙女，然而手指触到水面，波纹一起，仙女迅速消失了。从此，那喀索斯如痴如醉，日夜守在河边，时时等待仙女再次出现，他却不知道自己狂热爱恋的就是自己的影子。那喀索斯一次次地向水中的仙女倾诉自己的情感，终于有一天，他不小心掉进了水中，溺水而死，他的灵魂就化作了湖边的水仙花。

那喀索斯因为爱上自己最终溺水而亡，人们就用他的名字来称呼我们今天谈到的心理现象：自恋（narcissism）。那么，从心理学角度看，一个人的自恋是如何发生发展的？弗洛伊德在《性学三论》及随后的著作中是如何看待自恋的？他的自恋观有今天科学实证的研究支持吗？我们现在来谈谈这些问题。

人人都有点自恋：弗洛伊德的自恋观

自恋内涵

与希腊传说不同，在心理学中的概念，自恋并不是指每个人都有神话里的美男子那样近乎病态的自我欣赏的状态，而是指存在与自我欣赏相关的部分。这可以是每个人都会有的一种自尊，一个人的自尊水平的高低、稳定与否、是否善于调节，可以作为衡量一个人人格是否成熟、健康与否的一个维度。当然，在临床心理学研究中，自恋被看作一种典型人格障碍，在美国《精神疾病诊断与统计手册（第四版）》中，认为该症状诊断至少包含自恋的两个亚维度：浮夸和脆弱。因此，对同一个人而言，自恋可能是健康的，也可能是病态的。

自恋是心理发展的必经阶段

弗洛伊德是怎么理解自恋的呢？

可以说，在 1905 年最初版本的《性学三论》中，弗洛伊德并没有明确提出"自恋"这个概念，但这本书为后来构建自恋理论做了一系列的概念准备。如前所述，在弗洛伊德的观念中，食色本为一家。在婴儿的早期生活中，饮食本能和性本能是结合在一起的，吮吸乳房，获得食物，既是一种营养的满足，也是一种性的满足，两者是浑然一体的。

然而，当婴儿分辨出自己与母亲的乳房有所区别，乳房并不是自己身体的一部分，并不属于自己时，性欲便与食欲相分离，身体上的原欲，即弗洛伊德所说的"力比多"便独立出来，寻找所谓的性对象来倾泻，进而获得满足。从这一点上说，弗洛伊德认为：

"将孩子吮吸母亲乳房的行为视作所有情爱关系的起点，的确也不无道理。……寻找性对象，其实就是在找回那种熟悉的感觉。"

力比多离开母亲的乳房，四处游荡去寻找可以满足其需要的性对象，最终会回归自我，成为自我原欲，也就是说，这时候个体的性冲动，力比多指向了自身，形成了"自恋原欲"，这是一个人自恋的最初冲动，也是一些精神障碍产生的根源所在。简单一句话，所谓自恋，就是力比多将性对象投注到自我的结果。

可以说，人类一开始的欲望满足就带有自恋色彩，小朋友通过吮吸手指、玩弄自己的身体等自慰手段获得快感，弗洛伊德用"自体性欲"来描述这种性欲状态。他认为，自恋是每个人正常心智发育过程中的一个独立且必需的阶段。它是在力比多从自体性欲到对象爱的发展过程中的一个过渡阶段，这个阶段就可以称为自恋阶段。在这个阶段中，他把他自己或他的身体，作为他的对象，而且这个过渡阶段是必不可少的。只有在自恋阶段发展之后，他才会继续成长，在之后的阶段才会以他人而不是以自己为选择对象。

换言之，在此之后，随着发展，儿童不再满足于这种"自体满足"，力比多才逐渐离开自身，寻找更多的性对象来满足其需要。不过，如果在自恋阶段发展受挫，出现心理固着，那么，在本来的下一个阶段，也就是发展对象爱的阶段，他仍会寻找一个和自己相似的人来爱，找一个和自己有着相同生殖器的人，这样他就变成了同性恋。而且在自恋阶段有一个无法替代的心理功能，它将分散于各个性快感区中独立的性欲，整合在一起，形成自己身体和精神的统一，这就是弗洛伊德"自我"（ego）形成的关键过程。而且弗洛伊德在《图腾与禁忌》一书中明确表示：

> "一个人在为力比多找到外部对象之后，仍会多多少少保留自恋的性质……力比多的释放仍然没有离开自我，而且能够被重新收回到自我之中。"

通俗点说，每个人都有点自恋。

原发性自恋与继发性自恋

1914 年，在《性学三论》等早期文献的基础上，弗洛伊德专门写了一篇文章《论自恋》，来总结和阐述自己关于自恋的观点。他继续指出，自恋有两种类型：原发性自恋和继发性自恋。个体在生命的早期为了应付与母体分离的焦虑，在一段时期内需要将养育者当成自己的一部分来体验。在这个时期，孩子将养育者当作自己的一体来爱，这被称为原发性自恋，它是一种生存的本能，其目的在于自我保护。原发性自恋是每个人都有的，是人类得以生存的基础。继发性自恋是孩子在成长中，慢慢将力比多由自己投向客体，寻找新的对象爱，如果在力比多的投射过程中遭受挫折，这种朝向外界的爱就会折返回自我，这就是病理性自恋。这类人以后在爱的选择中，不是以他人为原型，而是以自我为原型。他们爱的对象是自我，或者自我理想。他们爱他人是将他人当作自己的一部分来爱的。自恋的爱表现为爱自己的一切。自恋者要求得到无私给予的爱、无条件的赞美，以此来证明自己的无所不能。

总之，在弗洛伊德的观念中，人生之初存在一个原始的自恋，它将力比多投注于自我，随后产生对象之恋，力比多投注于外部对象，此时原始自恋隐匿，但并没有消失，力比多在外面游荡，也一直试图以各种方式重返自我，希望回到曾经自足的自恋状态，所以引发了继发性自恋。在继发性自恋中，有些是常态的，如自我满意、理想自我等；有些则是病态的，如自大狂、疑病症等。由此，从《性学三论》开始，弗洛伊德逐步形成了一整套关于自恋的学说，也引发了更多研究者和大众的关注。

你的自恋健康吗

健康的自恋与病理性自恋

当下心理学最需要回答的问题是区分健康的自恋与病理性自恋，这样才能避免人们妄自菲薄，也能帮助人们有针对性地处理病理性自恋的问题。

健康的自恋一般是建立在早期良好的养育上的，比如高质量的母婴关系。健康的自恋者其人格发展到了比较成熟的水平，所使用的防御机制类型也比较高级。他们往往表现出如下特点：

- 有着适度的自尊水平。他们并不那么依赖在外部世界取得的成就，如外貌、他人的肯定和赞美等外在的东西来调节自尊水平，获得存在感。相反，他们依赖自身内在的、相对稳定的自我价值感，即通过内部心理世界对自我价值的确认，来调节自尊水平。

- 可以承受负面情绪。健康的自恋者对自己有着清晰稳定的认识，了解并接受自己的局限，不会想成为完人。同时，健康的自恋者能够大方且适度地自我欣赏，进行自我展现。他们不会感到羞怯或是怕被人攻击，也不会因为自己的展现没有得到他人足够多的关注和赞美而感到受挫。

病理性自恋往往表现出如下特点：

- 耗尽精力去追求成功。病理性自恋者过分地醉心于事业、金钱、地位、权力，甚至是才华、美貌、完美的爱情等诸多相对标签化的东西。这里需要强调的是"过分"，比如不断整容、过分追求肌肉发达、过分追求名利等。若不成功，便会感觉极度羞耻，并竭力掩饰自己的不完美之处。

- 过分夸大自己的重要性。在病理性自恋者的心目中，"我是特别的，我是最重要的"，他们只关注自己，缺少对他人、对外部世界的好奇。在他的领域或团体之内，他们可能的确投入了很大的精力，也可能的确取得了某些成就，但他们永远不会感到满足，且极度地无法承受失败。因此他们其实往往有着较高的焦虑水平，安全感不足。

- 难以建立稳定关系。病理性自恋者需要谈恋爱、结婚、养育小孩，但关系的实质是：他们把这些重要的他人，当成自己的一部分外延来使用。在人际关系中，病理性自恋者会无意识地对这些人实施一种剥削。越亲近的关系，这种无意识的剥削会越严重。他会把自己的想法与感受强加于他人，不把他人当成区别于自己的独立个体去对待，而是期待这些人对自己完全顺从或保持一致。久而久之，关系中的另一方就会感受到压抑、不舒服、被贬低、不被尊重。

- 缺乏人际共情能力。病理性自恋者难以建立稳定关系的原因是缺乏共情能力，没有同理心（即从他人的角度和立场，去理解和体会他人的感受）。譬如在一个男性病理性自恋者的夫妻关系中，一旦妻子表达了与丈夫不一样的想法和感受，丈夫就会觉得难以理解。因为在他的逻辑中，妻子和他是一体的，妻子不可以和他不一样。妻子越努力地表达自己的想法，他就会越费解，他会完全听不到，或者完全听不懂。

- 容易表现出脆弱、嫉妒甚至攻击性。病理性自恋者还会伴随一些容易激惹的情绪。当他的权力受到挑战、自尊受到威胁时，脆弱的病理性自恋者往往会反应过度，正常人可能只是生气，但他们会去实施伤害行为。在亲密关系中，病理性自恋者往往会在心理上伤害与他们亲近的人，他们渴望爱的刺激，但他们只喜欢被别人爱，而不是爱别人。当别人不再爱他们时，他们会表现出嫉妒甚至攻击性。

可以说，自恋作为一种人格维度，从健康的自恋到病理性自恋是一个连续体。健康的自恋是自尊的基础，但是，当你感受不到其他人的需要、无法体会别人的感觉时，你的自恋就有一点病理性，就不是适度的。当你觉得自己很好，你不需要剥夺他人好的感觉，你觉得自己可以好，别人也可以好，你们之间有边界的存在，这时候的自恋就是适度的、健康的自恋。

自恋的流行与自恋的魔力

回看当下，可以说，这是一个自恋的时代。关于自恋型人格障碍（NPD）的研究表明，今天20多岁的美国人患自恋型人格障碍的是60岁以上的人的3倍。在流行的文化中，人们更关注个人形象，更提倡个性化，近些年来自恋的人越来越多。有些年轻人更专注于成功、赚取金钱和个人名声，他们也更"能接受"整容手术，他们的自尊水平更高，而同情心更弱。

当然，从某种意义上来讲，自恋的流行是一种好事。临床上抑郁的人，常常对自己的评价更真实、更客观，而自恋者则往往存在一种"积极错觉"，即错误但积极地认知自己，这样他们更乐观，也更容易获得成功，毕竟如生活中所见，领导者就有些是自恋的。虽然不是所有的领导者都是自恋者，也不是所有的自恋者都会当领导，但是自恋的品质往往有助于他们获得领导的位置。比如，自恋会让他们看起来更令人印象深刻、更成功，也更聪明。他们也往往会用"好男人"或者"好女人"的形象来帮助自己获取支持。

而且研究还表明，虽然自恋者在社会交往中并不一定受欢迎，但自恋者却往往对异性更有吸引力。女性自恋者会在外表上花费更多的精力，在两性交往中更主动，给人性挑逗的印象；男性自恋者往往在自我推销时不遗余力，夸大自己的社会成功，同时他们喜欢与外表漂亮的女性在一起，这样又会激起更多女性的积极评价。因为对女性来说，一个靓女环绕的男性，一定是具有迷人魅力的。所以，从这一点上来说，自恋者，不论男女，在性选择上都具有进化而来的生存优势。

进一步说，一个男性自恋者往往夸大自己的性吸引力，觉得女性都会拜倒在自己的魅力之下，从而形成谁都会爱我的错觉。这样的自恋带来的自信，使得他们往往不浪费任何求偶机会。研究也表明，一个人的自恋程度往往在青春期达到顶峰，而且这时候的自恋程度与生活满意度密切相关，同时青春期的自恋更激励人们积极寻求伴侣、努力追求成功，进而获得爱情和事业的进步。研究者认为，青春期的这种膨胀的自我意识对于一个人顺利过渡到成年期是必要的，年轻人可能会把自恋作为一种生活的应对方式，用膨胀的自我意识来应对生活中的各种难题，进而在自信满满中长大成人。

不过，话说回来，虽然自恋者具有进化而来的生存优势，但我们这里说的是一种健康的自恋；如果自恋达到了病态的阶段，就不是简单的自恋者觉得谁都爱自己的问题了，就容易害人害己了。研究发现，自恋型人格障碍者不仅会因为自恋损害自己的健康，还会增加自杀的风险。还记得《格林童话》中白雪公主的后母吗？她一遍遍地对镜感叹："魔镜啊魔镜，谁是天底下最美的女人？"最后，当魔镜的回答不能满足她自恋的需要时，她便在嫉妒、愤恨与痛苦的自我煎熬中死去了。

第十三章
择偶：让爱自此清醒

两性择偶都有其不理性的一面。

无望之爱背后的心理动因何在？

追忆青春梦中人

每个人的青春都藏着一两个不能言说的秘密。

"我的故事总是发生在夏天，炎热的气候使人们裸露得更多，也更难以掩饰心中的欲望。"

在影片《阳光灿烂的日子》中，16岁的马小军偶然间通过望远镜发现一张彩色照片，身着泳衣的女生脸上洋溢着迷人的微笑，从此她锥子般的目光便深深地刻在了马小军的心上。米兰，这个让马小军魂牵梦萦的名字，让情窦初开的他对她一见钟情。但是，在后来事情的发展中，米兰却未能成为他的女友，反而阴差阳错地成了他的"姐姐"。

同样是年少的暗恋，《西西里的美丽传说》则是另一个关于13岁男孩的性懵懂史。

> "岁月匆匆，我爱上过许多女人。当她们紧紧抱住我……问我会不会记住她们的时候。我总是说'是的，我会记住你'。但我唯一不曾忘记的，是那个从来没有问过我的人……玛莲娜。"

从雷纳多第一次见到教师玛莲娜起，玛莲娜就成了他心中的女神、一生的挚爱。他从未如此急切地渴盼着自己快快长大。跟踪、偷窥、暗中保护，玛莲娜是他的全部幻想。从心动到好奇，从性幻想到偷拿贴身衣物，从暗中保护到为她投递信件。不过，现实中两个人几乎没有任何交集，西西里的少年只是一次次幻想着拥她入怀，与她同床共枕。

不安分的荷尔蒙让懵懵懂懂的少年与形容姣好的成熟少妇擦出了初恋的火花。但为何明知这是一种无望之爱，青春期的男孩和女孩却仍像"飞蛾扑火"般那么冲动？像大叔爱萝莉、御姐控、萝莉控等层出不穷的社会现象背后又有着什么样的心理根源？弗洛伊德在《性学三论》中对此有着精彩的阐述。

选伴侣还是选爸妈

初恋中的恋父／恋母情结

人的发展，因性而变。我们知道，在弗洛伊德的性发展阶段理论中，根据性感带的不同，可以将个体的成长划分成五个不同的发展阶段，分别是口欲期、肛门期、性器期、潜伏期和生殖期。其中，第三个阶段性器期大致是 3 ~ 5 岁，生殖器成为性敏感区，这意味着在这一阶段的性满足主要涉及对异性父母的性幻想，以及玩弄和展示生殖器，恋父情结和恋母情结正是这一阶段的产物。我们在前面的章节中对这一情结的发生及其表现做过论述，下面我们将继续这一话题，谈谈恋母情结是如何影响一个人的未来生活的，比如如何影响一个懵懂少年的择偶观念。

在弗洛伊德精神分析理论中，人们提炼的一个重要观点就是：童年对成年起着决定性影响。而择偶作为一个经久不衰、热度不减的话题，弗洛伊德又是如何解释童年对其影响的呢？在《性学三论》中，他讲到童年对成年后的恋爱行为的影响是有迹可循的：

"人类在情欲生活中千奇百怪的表现以及在恋爱中所表现出的强迫症特征，都可以追溯到儿童时期，并可被视作儿童时期性影响的残迹。"

在成长的过程中，我们每个人内心中逐渐清晰起来的关于父母的形象，其实都隐藏着我们对未来伴侣的要求或标准，就这样，儿时未能满足的幻想就演变成了长大后对另一半的"心动瞬间"。换句话讲，在青少年的青春期梦想中，幼儿时期的恋母／恋父情结再次呈现，不过在这时候，当时指向父母的性冲动出现了转化，他／她希望有一个如其父母的人，满足儿时的情爱渴望。

恋母情结假如发展顺利就会逐渐演变成"父母偶像理论"。所谓父母偶像理论，顾名思义，就是人们视父母为偶像，我们会参照父母的形象、气质等来选择对象，换言之，父母潜移默化地影响了下一代的择偶标准。比如，男孩会选择与母亲个性相近的女孩作为伴侣，而女孩则更偏爱与父亲个性相近的男孩交往。正如弗洛伊德所言：

"可以说，一个人的对象选择，都是在这种模式的基础上进行的。尤其是男人，他们寻找对象，就是在寻找记忆中母亲的样子。可以说，自童年开始，这种样子就已经给他们留下了不可磨灭的印象。……明白了儿时与父母的关系对一个人对象选择的重大意义，我们就很容易理解对这种关系的任何干扰，都会对其成年后的性生活造成极为严重的后果。"

然而，青春期的少男少女对成熟妇女和大叔的偏爱，会随着成长进一步发生变化，到了正式婚恋的年纪后，会转向与自己年龄相仿的异性。

择偶中的大叔控与御姐控

不过，对于幼年时恋父、恋母的过程，假如这一过程发展得并不那么顺利，他们的爱恋没有得到父母及时的回应，甚至得到的是粗暴的对待，那么他们对父母的偶像崇拜可能会走向极端。譬如，将父母过于神化，"你是我的神"，这就有可能导致性心理固化在这一阶段而不能发展，进而形成一系列的非主流现象或非常态恋情，甚至是弗洛伊德所言的乱伦倾向。他认为：

"在人生的每个阶段，都会有一些掉队的人。有些人就终身不能摆脱父母的淫威，他们的真情也几乎无法从父母身上转移开来。……对父母的喜爱表面上与性无关，实际上却与性爱师出同门，可以说，前者恰恰是原欲的发展停留在儿童阶段的结果。

"我们越是接近性心理发展的深层次阻碍，乱伦的对象选择的意义就越发凸显。……即便少数幸运儿没有遭受原欲乱伦特征的伤害，他们也无法彻底摆脱这一倾向的影响。许多年轻男子往往会与成熟的妇人开始第一段恋情，许多女孩则会对较其年长、有着某种威严的男子一见钟情，因为从这些人身上可以找到他们父母的影子，这都可谓是乱伦倾向的后遗症。"

当下社会，尤其是所谓的大器晚成的成功人士，的确存在着许多借爱之名跨越年龄鸿沟的非常态恋情，如忘年恋。所谓"忘年恋"，是指年龄相差很大，一般超过 10 岁的两个人之间的恋爱关系，就如其英文表述"May-December Romance"，一方处于生命的"春天"（5月），另一方可能处于生命的"冬季"（12月），就如同一场冰与火的碰撞。

在现实生活中，的确存在这样的现象：有些男生偏爱姐姐型、妈妈型女友，而有些萝莉则钟情于大叔型甚至是爷爷型男友。此类现象在影视作品、文学作品中可见一斑，如20世纪50年代的一部饱受争议的作品《洛丽塔》：正值青春期的12岁小萝莉洛丽塔由单亲妈妈抚养长大，从小缺少父爱；而37岁的大叔亨伯特是一个有故事的人，年少的时候初尝爱情禁果，但女友却早亡过世。现在，12岁的洛丽塔和37岁的亨伯特相遇了，年龄有巨大差异的两个人产生了一段不应有的忘年恋。两个人看似神圣而伟大的爱情，实则都是在满足自我的欲求、填补内心的空虚，他们只是在与加了滤镜和光环的对象谈情说爱而无关具体的人，最终难逃虚无一场。

事实上，现实生活中也不乏这样的"老少配"。现在流行的在择偶过程中的所谓"大叔控""御姐控"，就是弗洛伊德经典的恋父、恋母情结的网络萌话版的说法，表述的是新时代的年轻人在择偶时未了的、固着的恋父/恋母情感。

成年择偶时仰慕异性的沉稳与成熟，实际上都是对童年不满足的一种替代补偿。我们没有权利也没有立场去批判或渲染这样的"非常态化"恋爱是否正确。每个人都是婚恋自由的，我们都应该给予充分的尊重并致以美好的祝福，但是正如弗洛伊德所言：

"彻底地克服和摒弃这种乱伦的幻想，也就意味着孩子们终于从父母的权威之下脱离开来了，这可谓是青春期最重要，但也代价最为沉重的精神成就。"

总之，青春期的少男少女的恋父或恋母情结会被唤醒，他们的初恋对象往往是比他们成熟的异性。如果儿童在性器期没有顺利解决好恋父或恋母情结，那么他在步入青春期之后，直到成人，其性心理就仍带有这一阶段的特征——恋父或恋母，这使尽管成年的他仍无法摆脱恋父或恋母的冲动，从而导致择偶选择中的乱伦倾向。

当然，弗洛伊德也承认：

"幼儿时期对父母的依恋，固然是青春期最重要的标记，也是对象选择的最重要的参照，但绝不是唯一的决定因素。还有许多来源相同的因素，也会使得男人们留恋自己的童年，产生不止一种性倾向，从而为对象选择设置各种不同的条件。"

恋母情结与性印刻

可以说，在文艺作品中，在现实生活中，我们确实能够看到恋母情结或者恋父情结的影子。确实有些人在择偶的标准中也会说自己是大叔控或者御姐控，那么这样的择偶标准只是个别现象，还是普遍规律？弗洛伊德所声称的那些少男会选择与母亲相似的恋人只是停留在初恋吗？

我们知道，作为恋母情结的整体描述，在心理学上很难从实证角度给出科学的答案，但是如果把其中的一些观念进一步推演，是可以用科学方法得到验证的。比如，在择偶过程中，是否存在一种乱伦的倾向呢？有证据表明答案是否定的。我们知道，具有亲缘关系的人相互结合，也就是近亲结婚，容易产生遗传上的问题，而且进化心理学的证据表明，人们在择偶过程中对亲属是存在一种性厌恶的。一个典型的例子是，在以色列集体农庄，从小共同生活的孩子们成年后不会结为夫妻。近来的一些研究显示，人们存在一种嗅觉能力，以辨识亲人和朋友，而这种能力可以影响到人们的择偶过程。

不过，从另一方面讲，择偶中的性选择确实存在遗传与早期经验的影响。就像刚出生的小鸭子往往将见到的第一个活动的物体误认为妈妈，这是刻在遗传基因中的能力，心理学称之为"父母印刻"。性选择领域则存在一种"性印刻"（sexual imprinting）的观念。印刻的研究者，诺贝尔奖得主康拉德·洛伦茨也认为，早期与父母关系的经验强烈地塑造了未来的行为和社会能力。换句话说，早期对父母以及其他亲属的依恋会影响成年后性行为的发展。动物实验研究表明，动物在选择伴侣时，会选择与早期一起生活的血缘相近的动物略有差异，但又不是有巨大差异的对象，因为它们既要寻找相似性，又要有所差异，避免近亲交配。

当然，心理学家发现，人类社会也存在这种性印刻的择偶偏好。一些研究发现，年轻人在择偶时会倾向选择发色和肤色与他们的异性父母相似的伴侣，而不是与同性父母相似的伴侣。女孩在择偶时更喜欢选择带有父亲一样气味的伴侣，所以被的味道其实是混杂了父亲的味道的。

我们回到弗洛伊德的恋母情结。从弗洛伊德的观念中，我们可以看到另外一个结论，年轻男子会按照母亲的样子来寻找自己的妻子，这是真的吗？心理学家设计了一个巧妙的实验来证明择偶中的恋母情结是否为真。

研究者调查了一些年轻夫妇，给他们拍照，要求他们摆出自然的姿态，表情是中性的。然后研究者向妻子讨要了婆婆年轻时的照片，要求最好是在其丈夫 2～8 岁时的照片。这里很明显，2～8 岁恰恰是一个男孩恋母情结发生的时期，研究者需要的就是丈夫恋母情结时母亲当年的样子。然后，研究者又找了一些不同的年轻女子的照片做对比。丈夫的妻子、当年的婆婆、对比组的年轻女子，都是年龄相仿的青年女性。同时，把所有的照片都做黑白化处理，让人看不出每张照片拍摄的年代。

随后，研究者把婆婆的照片放在左边，把妻子和三个对比女子的照片放在右边，找一些大学生过来判断，右边的四个女子，哪一个与左边的照片更相似，要求他们评价每张照片的相似程度。

结果发现：大学生很轻松地判断出婆婆与妻子的相似性，婆媳容貌的相似程度是其他女子的两倍以上。同时，研究者还调查了丈夫童年时与母亲的关系，结果发现，在恋母情结的发展阶段，男孩与母亲的关系越好，越感觉到了母亲的温暖，长大后越可能会找一位与母亲相似的妻子。确实，实验证据表明，如弗洛伊德的理论所暗示的，一个男性与母亲早期形成的关系确实在未来的择偶策略中起到一定作用，在一定程度上，他们的择偶偏好是在与母亲依恋的过程中形成的。可以说，在这里，弗洛伊德的恋母情结得到了某种证实。

进化中的择偶：资源男与青春女

当然，一个成年人择偶不是"选爸选妈"那样简单，这只是其中的一个因素。在性印刻之外，近年来进化心理学的众多研究为我们提供了两性择偶中的新视角和新思路。

进化心理学认为，人之目的在于生存与繁衍。对于繁衍而言，男女在生物学上的付出是不均衡的。从两性交合到孕育后代，男人挥洒的只是一个动作，女性却要实打实地怀胎十月，然后母乳喂养和教育。这种繁衍后代付出的差异性，造成了人们在择偶过程中侧重点的不同。

女性择偶主要看两个因素：一是有没有足够的资源；二是愿不愿意将资源给自己。年龄是"拥有资源"或"拥有资源"的潜力转化而成的几个相关因素之一。事实上，在真实的婚姻需求中，研究表明，女性平均偏好比自己大3岁半左右的男性。适婚女性希望对方比自己大一点所暗含的一个原因是，在文明社会，一般岁数大一点的男性收入普遍高一些，比如，30岁的男性比20岁的男性挣得多，40岁的男性比30岁的男性挣得多。所以所谓"大叔控"，不见得是恋父情结的原因，很多时候只是进化而来的女性偏好让女性选择拥有更多现实资源的大叔罢了。当然，大叔除了更多金，一般而言，也具有更成熟、情绪更稳定、更有责任感等优势，以保证资源源源不断地持续供给。

其实，不仅女怕"嫁错郎"，男也怕"娶错娘"。对于男性，其择偶在年龄上又有何种进化学特征呢？什么样的女性才能成为男性心目中的"白月光"或"朱砂痣"呢？事实上，相较于女性会考虑那么多的因素，男性对女性的需求略显单一，总结来看就是，年轻且生育能力强。就像一个段子中说的，男性其实最专一了，不论是20岁、30岁还是40岁的男性，从18岁到80岁，都喜欢20多岁的女性。段子说的是一个事实，根据进化论的观点，男性更喜欢年轻且生育能力强的女性。但对于青少年男生，调查发现，他们喜欢的不是同龄或者更小的女性，反而是比自己大一些的更适合生育的成年女性，譬如在前面提及的两部影视作品都是关于青春期的男孩与魅力四射的成年女性之间发生的爱萌动。

在中文里，"娘"这个字很有意思，既有"母亲"的意思，也有年轻女性的意思。所谓"姑娘"，字面上理解是"姑"和"娘"，两位女性长辈合在一起，就成了年轻女性。我们在小时候，是"老"的"娘"，老娘对我们关怀备至；长大成人之后，我们就去寻找"新"的"娘"，和新娘组建新的家庭。老娘构筑的是原生家庭，新娘构筑的则是我们当下的新生家庭。从老娘到新娘，按照老娘的样子找新娘，中国的文字中就仿佛暗含了弗洛伊德的恋母情结。

不过事实上，如弗洛伊德所述，如果一个孩子健康成长，顺利地度过了性器期，那么他就会逐渐摆脱对母亲的依赖和爱慕，最后寻找新的伴侣。换言之，不论是恋母还是恋父情结，如果处理得当，对孩子的健康成长是大有裨益的。况且，在真正的爱情生活中，"找爸找妈"的其实并不多，或至多不过是少男爱少妇作为恋爱成长史中的一个起始阶段罢了，最终孩子长大了，还是会发展为资源男配青春女的情形。

所以，当我们再次回顾本章开头谈到的这两部电影时不难发现，电影中的少年最后都没能与少妇永远幸福快乐地走在一起，反而是少年经此一劫，获得了成长。或许每一个安静的人群中，都住着这样一个躁动的马小军或雷纳多，用一段无望之爱来造就一个男性的成长史。就像《阳光灿烂的日子》影片的最后所写的，青春如梦，当他们长大后，一笑泯恩仇，又聚一起，坐在一辆大汽车上，喝着酒；而在《西西里的美丽传说》中，男孩雷纳多陪伴玛莲娜体验了人生的大起大落，也经历了从男孩到成熟男性的挣扎与蜕变。一切遗憾，褪去了情结的约束，似乎都恰到好处。

第十四章
禁忌之恋：爱与肉欲真的能结合吗

没有爱的性是一种空虚体验，
但它是所有空虚体验中最棒的那一种。

通往女人灵魂的蹊径

深谙人性的女作家张爱玲在其小说《色，戒》中，说了一句话："到女人心里的路通过阴道。"后来，这句话逐渐演变成了我们当下流传的耳熟能详的一句话："通往女人灵魂的通道是阴道。"张爱玲出身于20世纪20年代，距今已经100多年了，不要说她那个时代，这句话即使放在当下来看，也是相当震撼的。李安导演把这部作品搬上了大银幕，影片中对性与爱的探讨，迄今为止仍是影迷们津津乐道的话题。在电影里，由汤唯扮演的革命女学生，本来是以色诱为手段，接近了梁朝伟扮演的汪伪政权的易先生，然后试图借机除掉对方。不过，几经接触，尤其是几场床上的激情互动，在肉欲中彼此产生了感情，最后爱上对方，导致任务失败，也葬送了自己年轻的生命。

这是一个典型的由性及爱的故事，影片中的几场床戏是李安导演竭力表现的双方情感变化的重要标记。不过，因为这几场床戏太过突出，影片遭到了删减，演员也受到了处理。确实，在我们日常的观念中，我们理解的爱情往往是由情及性的。性在我们的感情生活中，似乎处在并不重要的位置，这样在大屏幕上张扬性在情感演变中的作用，确实有些让人受不了。这也是我们前面所讨论过的，虽然说"食色，性也"，说吃的，没有什么问题，比如抓住一个男人的心要通过他的胃，由吃的引发爱就没有什么问题；但是说性，可能就容易引起争议，比如通往女人灵魂的通道是阴道，大家就可能受不了了。

那么性与爱，一个来自生理，一个来自心理，两者究竟是怎么影响彼此的？是不可分割的，还是相互分离的？我们来看看弗洛伊德的观念，以及随后的科学发现。

真情和肉欲的分离：弗洛伊德的性爱观

荡妇之爱与乱伦禁忌

弗洛伊德首先注意到，一些男性在寻找恋爱对象时，不会考虑单身女性，只对有夫之妇产生兴趣，对正派女性也无兴趣，只关注生活不检点、毫无忠诚度的女性，弗洛伊德称之为"荡妇之爱"。究其原因，弗洛伊德还是找到了恋母情结这个传家宝。他认为，正常男性的恋爱对象都有其母亲的影子，进入青春期之后，一些人的力比多还在母亲身上，他们偏好成熟女性，其实是在寻找母亲的替代物。但为什么要找有夫之妇呢？因为那个倒霉的"荡妇的丈夫"，正是当年父亲的化身，男性经过争斗赢得荡妇，正是在完成幼年恋母仇父的目标。但是没有人可以完全替代当年的母亲，所以他便会不断地更换情人，宣泄自己的情感。

弗洛伊德认为，正常的情欲行为，有赖于两类情感的结合。

一是真情。真情是最初源于自我保护的需要而产生的对家庭成员与监护人的情感，它贯穿了整个童年，有情欲的成分，但没有跟性目标联系起来。二是肉欲。这是个体对童年的性对象倾注的力比多。但是因为乱伦禁忌，青少年需要寻找陌生对象，这样才能享受真正的性生活，肉欲的对象往往有童年偶像的影子。

青少年离开父母后，要寻找自己的性对象，试图完成真情与肉欲的结合。这时青少年的肉欲已经十分旺盛，但是无论是在最早的乱伦对象还是在新的性对象身上，性欲都找不到发泄的渠道。他们在寻找真情的过程中，可能会以母亲为原型。在发泄肉欲、倾注力比多时，虽然有乱伦的欲望，但是在经受社会文化禁忌的影响、教化的压制以及文明道德的洗礼后，其可能会性无能，无法享受鱼水之欢。

天国之爱与尘世之爱

弗洛伊德认为，真情和肉欲在现实生活中无法实现合二为一。

"对于大多数男性来说，如果在性行为中面对一个他所尊崇的女子，拘谨就在所难免；只有在那些低微的性对象面前，他们才能一振雄风。"

弗洛伊德把爱情分成了天国之爱与尘世之爱。在天国之爱中，男人会把对方奉若女神，不会对其产生邪念；在尘世之爱中，男性会对对方想入非非，但不会动真感情。男性的理想对象，应该是既不要让他们投入太多情感，又可以让他们把肉欲从最初的性对象身上转移开的人。

在弗洛伊德的观念中，性目标是包含了一些羞于人言的变态成分的，但在那些他们所尊敬的女性身上，男性并不敢做出尝试。只有当他们能够无所顾忌地全身心投入性爱时，男性的性欲才能得到彻底的满足，但在端庄的女性身上，他们绝对不敢这么做。因为在本质上，在大众心里性行为往往被看作低贱的，对其有排斥的心理，所以在与心仪对象享受鱼水之欢时，这些低贱的念头与面前需要尊敬的女性发生了冲突。正因为这样，男性更愿意寻找在道义上相对低贱的性对象，来达到自己欲望的完全释放。

弗洛伊德认为，男性寻找社会地位低下的女子做情妇，以此来满足对性对象的征服，就是性爱分离的重要表现。这种现象，究其原因就是儿时乱伦欲望和青少年时期失败的性经历。同时，弗洛伊德认为，要尽情享受性爱的乐趣，必须克服对女性的崇拜，克制与母亲或者与姐妹乱伦的念头出现。

总之，在弗洛伊德的观念中，男性始终是难以用平视的视角来看待女性的：

"男人们要么在爱情之初将她们奉为天仙，但在占有了她们之后，却反而将她们看扁；要么在她们面前一蹶不振，无法发挥自己的全部性能力——无论是前者还是后者，对她们来说都不是什么好事。"

很明显，弗洛伊德作为一个直男，用更多的笔墨分析了男性的心态。那么女性呢？在她们身上，真情与肉欲能够统一在一起吗？弗洛伊德认为，在社会文明的大背景下，女性要承受禁欲的束缚以及男性在性行为方面的压力。长期与性隔绝使得女性的肉欲一直停留在幻想之中，所以即使在结婚后，性行为最终被允许了，但仍会在一段时间内对性行为感到拘束，容易导致心理性无能，即性冷淡。某些女性会通过偷情来体验快感，因为禁忌之爱的条件得到了满足，她们对自己的丈夫不忠，但是往往对自己的情人忠贞不贰。换言之，女性的真情和肉欲，也是分离的。

性爱分离

性爱分离的可能性

弗洛伊德所讨论的真情与肉欲的问题，实质上就是两性交往中性与爱的关系问题。在爱情生活中，性与爱是一对互为纽带的矛盾统一体。依据人类生育特点和男女思考方式的不同，我们可以把性和爱分为两种情况，一类呈现为性爱交融，另一类呈现为性爱分离。

从弗洛伊德的理论出发，我们基本可以得出性爱分离的立场。那些真情和肉欲无法结合的人，其正常的性生活往往不是很美满。在性方面，灵魂是灵魂，肉体是肉体。不带感情的、纯粹的肉体结合可以得到性满足，但是很明显，与所爱之人的肉体结合，因融入了爱情因素，快感会得到升华，达到一个更高的境界。

可以说，性与爱的结合是人类幸福的最大表达。然而，很遗憾，这可能不是爱的必要性或本质。在现实中，我们看到，有些女性虽然有自己的伴侣，或者深爱的人，但是已经多年没有经历过性高潮。有些男性通过与其他女性发生随意性关系，而不是与他们所爱和尊重的女性发生性关系来体验强烈的性快感。爱情有可能限制性快感，而不仅仅是提升性快感。

从理论上来讲，性爱分离的可能性是存在的，那么这会得到脑科学的证实吗？在当下的脑科学研究中，性欲和情爱作为人的快感体验，有着相似的生物化学和神经内分泌通路，这种相似性暗含性与爱可能由共同的目标或动机驱动，这与弗洛伊德的真情与肉欲相分离的观念是不同的。

但是，毕竟关于性与爱的研究由于目的不同，参与者不同，情爱基础也不尽相同，所以不同研究之间还是有些差异的。近期，脑科学家通过元分析的手段，分析了一系列关于性与爱的功能性核磁共振研究，一方面包括探讨爱情生活中，那些呈现伴侣照片等相关刺激的，另一方面包括性爱研究中，看那些羞羞的图片或者小视频的，对比这些研究中大脑的神经反应模式是否有一致或不一致的地方。结果发现，不论是性还是爱，激活的是一个特定的相似的神经网络，性欲和情爱都造成了脑岛前部的活跃。不过，有趣的是，细分下去，性冲动和爱情唤起的大脑区域还是有些区别的，只有爱情能够刺激脑部一个叫作岛叶的地方，而在性冲动的状态下，脑部的这个区域是没有反应的。

虽然研究者看到了性与爱在大脑的反应中有些差异，但总体上来说，性与爱在大脑中的表现还是相似的。性与爱都不是一种简单的情感，它们都有着复杂的奖励情绪、目标导向的动机和认知。而且有意思的是，脑岛内部的激活具有从后到前的模式，这种表现其实是从性到爱的模式。这表明，性与爱的融合，实质上性在先，爱产生于愉悦的感觉和运动体验，也就是说以性为基础。性与爱在大脑中的表现是在一个维度上的，不过是先前的身体感觉最终演变成了回报期望的情感表征。

由性及爱的可能性

　　脑科学的发现似乎在暗示，在性与爱的历程中，存在由性及爱的可能性。其实，这一脑科学的发现，是和一些心理学调查的结果相互印证的。美国关于出轨的调查发现，在肉体出轨的男性中，有74%的人同时是有情感卷入的，换言之，这些人不仅肉体出轨，精神也出轨了。这个数字背后有很多值得探讨的因素，在某种程度上，情感依赖其实是可以从性欲中产生的。这些研究同样可以解释《色，戒》中王佳芝的由性及爱的情感路线。在现实生活中，这似乎也从理论上顺带解释了有些人为什么从"一夜情"最后变成了现实情侣。

　　不过，从由性及爱来说，无论是男性还是女性，发生性行为时产生的多巴胺、催产素等激素，都会让人产生爱上对方的感觉（也有可能是错觉）。从由爱及性来说，对大部分人而言，爱会自然地让人想发生性行为，并且有爱的性体验会比没有爱的性体验更好。

　　关于性是不是浪漫爱情的重要组成部分的问题，每个人都有自己的看法，取决于个人情况和背景情况，例如性别、年龄、文化和爱情观等。许多人认为浪漫爱情和性欲之间存在联系。一项调查发现，79%的男性和53%的女性认同单纯性吸引的存在，也就是说并不爱对方，但确实因性受到了对方的吸引。不过，35% 的男性和 61% 的女性同意以下说法："我一直在恋爱，但没有什么以性为主导的感觉。"

我们可以看出，对待爱情中的性问题，两性是有差异的。男性倾向于将性与爱分开，而女性倾向于相信爱与性是一体的。因此，色情图片在男性中比在女性中产生更多的唤醒，而浪漫情侣的图片在女性中比在男性中产生更多的唤醒。如果发生婚外情或者不忠行为，男性更看重性方面的愉悦，女性更看重爱情。男性更有可能在很少或没有情感参与的情况下产生婚外性行为，而女性更有可能在没有性的情况下产生婚外情感参与。大多数人，尤其是女性，在爱上伴侣时最享受性爱。虽然大多数人认为性与爱可以分开，但是他们更愿意将它们结合起来。

在研究浪漫爱情的遗憾之后，有学者认为："男性比女性更容易后悔没有更努力地做爱或后悔错过了做爱的机会。"由于与女性相比，随意性行为往往为男性带来更多好处和更少成本，因此男性对随意性行为表示出更大的意愿。通俗地讲，男性的性欲往往是一种有限的、特定的饥饿；女性的性欲通常是一种开胃酒，应该辅以一整套爱的大餐。

不过，性与爱也不必要截然分开，心理学家发现，性与爱的过程共享一些相似且非常重要的规则：都需要情绪和动机来预热，以及做决定的过程都类似于瘾发作的过程。所以性与爱这两种行为过程是可以互相转化的，由性及爱和由爱及性都是正常的规律。性与爱难以分离。像爱一样，性也是一种情感，而不仅仅就像饥饿和口渴一样是一种生理驱动。性通常是浪漫爱情的一部分。爱情的美好不在于单纯圣洁，而是我们可以和相爱的人享受自在情绪和行为的表达。动人的情话是爱情，富有激情的性也是爱情。

由此可见，弗洛伊德的性爱分离的观点，可能只是一些直男的认知。在脑科学及大量心理调查中，性与爱是和谐统一的，那么在真正的爱情生活中，只有性与爱就足够了吗？美满的爱情究竟包含哪些成分？

完美之爱

爱情三角形理论

对于美满的爱情究竟包含哪些成分，当下心理学界最出名的理论当属美国心理学家斯滕伯格曾经提出的著名的爱情三元论。他认为，爱情由三种成分组成：激情、亲密和承诺。

- 激情：以身体的欲望激起为特征。但是，激情不限于身体的欲望，还包括双方之间强烈的情感需要。这种成分可以被认为是肉欲的性。

- 亲密：包括热情、理解、交流、支持及分享等特征。拥有这种成分的爱情可以被认为是灵魂相吸的爱情。

- 承诺：将自己投身于一份感情的决定及维持感情的努力，也就是人们所说的"责任感"。这种成分可以被认为是双方的承诺，在当今社会，结婚证是给予对方最大的承诺和保证。

在斯滕伯格的爱情三元论中，这三种成分被看作三条边，从而构成一个"爱情三角形"。当三种成分的强弱不同时，三角形的形状就会发生改变，得到各种各样的形状，此时爱情的表现特点以及它的含义也随之发生很大变化。

当一段感情中这三种成分同时存在，三角形保持平衡，达到完美之爱。在那些幸福且持久的爱情中，情侣双方常常努力维持彼此的亲密度（亲密），不断增强对彼此的责任感（承诺），还会时不时地为彼此制造惊喜和浪漫（激情）。如果在一段关系中只有性，那是一种迷恋之爱，只是一时上头的"一夜情"，关系随时会破裂；如果一段关系中只有爱，那是一种友谊之爱，只有亲人的感觉，但没有共度余生的愿望；如果只有性与爱的结合，无法承诺，那是一种浪漫之爱，只有当下，但可能没有未来，容易在分手时痛彻心扉，就像曾轶可的歌曲《狮子座》里唱的：

"相遇的时候，如果是个意外；离别的时候，意外地看不开。"

爱情要素与发展历程

斯滕伯格的爱情三元论只是探讨了爱情的三个组成部分，它们在爱情的发展历程中是如何发挥作用的呢？每一种成分在爱情的不同阶段表现一致吗？研究者认为，随着爱情的发展，激情、亲密与承诺也在不断发展，表现在：

在爱情的初期，更多的是欲望与情绪的冲动。初坠爱河的时候，所谓的热恋期，也就是激情成分的时期。在这个时期，情侣对性吸引更敏感，性需求更强烈。所以性占比多一些，在初期的相处中，情侣大可享受这种吸引和需求的满足，不用过分介意性关系到底意味着什么，或者是不是会影响到爱情的本质。可以说，在这个时期，情侣都是略显盲目和冲动的。但与此同时，这个时期又是为之后的磨合期做准备，因为如果性关系方面是和谐的，那么这对于之后稳定生活中的相处是一个很好的润滑剂。

在爱情的中期，亲密占据了主导。如果彼此性的吸引能够持续一段时间，那么就会进入亲密关系时期。在这个时期，情侣会聊过去的故事，聊人生的困惑，还有对未来的憧憬。自然而然地，对性需求之外的精神和亲密感的需求就会大大上升，发展到了需要探索更多兴趣爱好和找到更多价值感共鸣的时期，并实现和对方的进一步深入交流。如果之前的性关系没有进展得很顺利，这个时期应该完成的精神交流的任务就不能顺利进行。所以这个时期应该更关注对方的内心世界是否足够吸引自己，还有自己能够给对方带来哪些更有价值的人生体验。

在爱情的后期，承诺、彼此信任与支持越来越重要。最后的这个时期大概是很多人期待的"结果"。如果情侣在前两个时期都能够理智而不是感性地应对，那么自然就会开始勾勒属于两个人的未来。情侣之所以愿意和眼前的这个人携手走完余下的人生，就是因为最重要的激情和亲密得到了满足。爱情跟性欲一胞双生，类而不同，性欲并非爱情的根本，爱情也不是性欲的升华。爱情，作为兽性和神性的混合，从本质上看是悲剧性的，兽性驱使人寻求肉欲的满足，神性驱使人追求毫无瑕疵的圣洁的美。

美满的爱情的构成与发展历程，可以看作脑科学对性与爱发现的补充，它让实际生活中的理想爱情更为完善。由性及爱是一种可能，再补充进去文明世界的承诺，三种成分的结合就能让我们收获美满的爱情。

第十五章
降格行为：上床之后，态度变了

暗恋的女神为什么最后不能成为生活中的好伴侣？

追女友如同等快递

许多人在谈恋爱的时候都有疑惑，有不满。对初涉情场的女人而言，常见的一个困惑就是为什么男人追求自己的时候，一开始又关心又体贴，甚至无微不至地呵护，把自己奉若神明，然而一答应对方的追求，尤其是彼此有了更亲密的接触，有了性行为之后，男人的态度就变了呢？在床上说一些粗话，甚至是生活中也变得不尊重自己，原来的女神感没有了，感觉自己成了女仆人，男人的这种变化原因何在呢？

对于这样一个普遍的问题，曾有人开玩笑解释说：男人追女友的过程就像在网上购物。我们知道，在网上购物的过程中，等快递时最心焦和期待，拆快递时最开心（正如网络上有许多所谓的开箱视频很火，大家也爱看），但是在拿到物品之后就觉得不过如此了。追女友如同等快递，没到手的时候心急如焚，这时候对其期待最高，但关系一旦确定，尤其是两性欢娱之后，觉得不过尔尔，也没有什么珍惜或不珍惜了。

真的是这样吗？首先，在这里把女友比喻成快递，是一种典型的物化女性的观念，我们要批判这种观念；另外，男人谈恋爱的心态变化和等快递的心态变化也是风马牛不相及的事。

下面我们谈谈在《性学三论》实践篇中，弗洛伊德关于情欲生活中最普遍的降格问题。我们将聚焦"圣母－妓女情结"和"降格行为"两个概念，并由此延伸出去，从进化心理学和爱情发展历程的角度，对这个主题进行讲解和补充。

圣母－妓女情结与降格行为

依据弗洛伊德的理论，男人的这种变化可以从"圣母－妓女情结"中得到解释。

一段美好的爱情生活有赖于两种因素的结合：一是真情，这是源于童年的喜欢、亲近、尊敬的感情，就如同我们对自己的母亲产生的依恋感；二是肉欲，这是一种源于人的本性的激情，一种可以放纵自己、没有压力和约束的冲动。男人在追求爱情的过程中，会产生两种爱：一种是圣母之爱，这种爱把对方奉若神明，不会对其产生邪念；另一种是荡妇之爱，只有赤裸裸的肉欲，但是不会对其动真情。

所以，正如我们在生活中所常见的，一个人若太在意另一个人，比如男孩子把自己喜欢的女孩子当成女神一样憧憬，这是真爱无疑，但是这种爱可能导致两个人在床上遇到一些障碍，琴瑟难以和谐，想为爱鼓掌，却一个巴掌拍不响。为什么呢？因为根据弗洛伊德的观点，如果一个男人对一个女人非常爱，已经把她当成女神，当成母亲一样依恋，那么就难以对其产生性欲——这不等于不伦之恋，甚至亵渎神明了吗？

另外，弗洛伊德认为，每个人都有一点羞于人言的性偏好，一些人的性目标中也包含一些无伤大雅的"变态"的成分。这些内容，在男人所尊崇的女子身上，他是不敢尝试的，和女神交往，有尊重便难有情色，他很难全身心投入两性欢娱。

但是，与此同时，虽然男人不想和女神有性的交流，但是可以和随时出现的风尘女子上床，因为这些人是在道义上相对低贱的性对象。她对男人知道得不多，也不会对男人的行为品头论足，和她们交流，男人心里没有负担和压力，他就会放下包袱，性能量彻底释放，即使他此时仍然深爱他的女神。

这就是弗洛伊德所说的真情和肉欲分离的"圣母－妓女情结"。具有这种情结的男人，在爱的地方没有欲望，而在施展自己欲望的地方，却无法去爱。具体来说，有这种情结的男人会极端地看待爱和性，认为两者完全单独存在。在男人眼里，母亲似乎更接近贞洁的理想。爱就是纯洁，性就是性。例如当自己的老婆婚后生孩子了，男人觉得她成为一位母亲，很神圣，就对她失去了性的冲动。弗洛伊德认为，男人在与自己女神的交往中，即使两个人上了床，在这样的关系中，男人也容易不举，这就是心因性阳痿的重要根源。因为女神是只可远观而不可亵玩的啊！

那么怎么解决这种矛盾，让两性生活和谐？这社会上毕竟会存在真情和肉欲相结合的爱情吧？

弗洛伊德认为，为了防止这种真情和肉欲相割裂的"爱情分裂症"的出现，就必须在心理上人为地压低性对象的地位，也就是降格。如果男人把自己的性对象放到母亲或女神的地位，乱伦与亵渎神明的压力就会影响其床上的表现。只要压低性对象的地位，人的肉欲就能摆脱束缚，就能随心所欲、琴瑟和谐。

因此，男女在交往的过程中，虽然平时可以齐眉举案、相敬如宾，但是在躲进私密空间两性欢娱的时候，男人可能用一些粗话的小把戏来唤醒自己的男人气概，从而增进性生活的趣味和质量，这里没有不尊重的问题。毕竟男人对于自己尊重的人是很难产生性欲的。

所以，从弗洛伊德的解释来看，男人在上床之后的态度变化，即出现降格行为，是男人"圣母－妓女情结"的正常体现，没有什么大不了的。

生活中的圣母－妓女情结

当然，今天我们回顾这一理论可以看出，弗洛伊德的"圣母－妓女情结"是典型的男性视角，而且把女性简单地进行了二分法的划分：一类是完全善良、纯洁的圣母；一类是滥交、诱人的妓女。女性的类型绝非只有这两类，本来就是丰富多彩，无法简单二分的。而且从贞洁到欲望是一个连续的发展变化，并非对立的两级：善良的女性可以张扬自己的欲望；性欲的彰显不一定以人格的降低为代价，女性的欲望也应该得到尊重。

总之，这种划分仍带有典型的物化女性的倾向，而且给人以对女性不尊重，甚至实施贬低、操控和性暴力的口实。同时，这种理论也可能成为男性随时给女性贴上不同的标签，并放荡自己的借口。这一点必须加以批判，也要引起我们的注意。

不过，正如美国心理学家哈特曼断言的，尽管弗洛伊德的许多性理论现在被认为是过时的和性别歧视的，但他的"圣母－妓女情结"这一概念，今天仍具有强大的生命力。在当下神经生物学的研究以及一些关于性功能的研究中，弗洛伊德的解释仍是有意义的。虽然当时的研究条件有限，但弗洛伊德的观念表明，性功能障碍并不仅是孤立的生理现象，也有一些心理背景和人际冲突的原因。这种观点与今天性科学研究的结论是一致的。

另外，其实你看看当下的媒体所宣传的女性形象中，依然充斥着圣母－妓女的两极划分。在那些当红的影视剧中，一个女性或者被塑造成纯洁善良的母亲形象，见之难以有性欲望；或者有着诱人身段的性感尤物，但少有真爱的表现。

因此，这一理论，无论是对于社会现象的解释、两性关系中性的重视，还是对于一些无性婚姻成因的探讨，都是值得关注，并会给我们启迪的。至少性是上天赐给一对爱侣的礼物，情人间的一些事不必羞于表达，弗洛伊德的理论让我们敞开心扉说话。

正如弗洛伊德在谈到情爱关系中的降格行为时指出的：

"科学既不是危言耸听，也不是自欺欺人。但我还是很愿意在此承认，要得出以上这些宽泛的结论，其实需要更为广泛的研究基础；也许人类在其他领域所取得的进步，可以弥补文化的伤害。"

"打烊效应"与态度改变

当然，上床之后，男性态度的变化在心理学上并不是只有弗洛伊德的一种解释。进化心理学的一些研究对这一问题给出了新的答案。

根据进化心理学家巴斯等人的研究，一个男性约会一个女性，如果他只想玩玩，找的只是短期性伙伴，当他与性伴侣高潮之后，如果不想有进一步瓜葛，就会发生一种感知上的变化。上床之前，不论他觉得约会的对象多么迷人，性魅力多高，但是高潮之后，仅仅过去 10 秒，在这个情场浪子的认知中，对方的性魅力都会下降很多，他都会觉得对方不过如此，很普通。

从进化心理学的观念来解释这种变化，是因为既然目的不是寻求一个终身伴侣，那么进化形成的策略会让这个男性形成认知的改变，感觉对方的魅力迅速下降，"上床之后恨不得踢对方下床"，这种对魅力认知的改变会促使男性尽可能快速离开，这样就能减少情感交流，避免婚姻承诺。所以，这种男性进化出来的策略就是欢娱之后，寻找各种理由，尽快离开。

但是，对于一些采取长期择偶策略的男性来说，换句话说，男性与女性交往的目的是认真的，是想和对方结为伴侣，认为对方是相约一生的人。研究发现，这种男性和女性上床之后，高潮前后对女性性魅力的认知不会发生改变，他依然会把她当作手心里的宝。

所以，从进化心理学的角度看，上床之后的表现可以作为男性真情的测试仪，睡了之后评价下降，找各种理由离开，一般没有别的原因，唯一的原因是不是真爱。而那些依然拥女性入怀、情话绵绵的人，请女性珍惜。

当然说到这里，也许有人会问，一个人的性魅力怎么可能在短时间内发生改变呢？上床前后，明明是同一个女性啊！答案是，男性对女性的评价确实是不稳定的，是可以在短时间内发生改变的。比如进化心理学的研究发现了有趣的"打烊效应"。

心理学家发现，在酒吧中，那些正在寻求艳遇的男性，对于同一个女性，时间越晚，越接近打烊时间，就越觉得女性的魅力迷人。在一个魅力值10分制评分量表中，晚上9点时，男性对女性的评价平均值是5.5，午夜时则增至6.5。女性对男性吸引力的评价也随着时间而增加，但女性对男性的整体评价要低于男性对女性的评价。晚上9点时，女性对酒吧内的男性的评价平均值低于5.0，在临近午夜打烊时也只增加到5.5。男人之所以对女性的评价产生变化，原因很简单，快打烊了，进化的本能告诉他，别再挑挑拣拣了，如果再不确定一个，今晚的机会就没了，就要一个人度过这漫漫长夜了。所以，他便认为挖到碗里的都是菜，觉得谁都美丽。短期关系的追求者进化出来的特性让他不能错过任何可能传递基因的机会。

当然这里有人会疑惑，说酒吧快打烊的时候，男性是不是都已经喝多了，而古语说"酒是色媒人"，是酒精的作用才致使男性对女性评价的变化吧？有道理，但喝酒还真不是其中的原因。在原始的研究中，研究者控制了喝酒的多少，结果不论喝多少，快到打烊的时候，男人对异性的评价都会变高。女性对男性的评价相比而言则没那么高。

总之，从进化心理学的角度来看，男性上床之后态度变化的理解很简单：他不想负责，女性遇到渣男了。这确实令人不快，但女性也可以通过这种方式，快速辨别哪些男性是短期择偶者，哪些男性是希望天长地久的，避免自己继续盲目倾心。遇人不淑的话，及时抽身。

不过，进化心理学和弗洛伊德的观点也有一致的地方，那就是男性对女性性魅力的判断会随着社会环境的变化而变化，变是绝对的，不变是相对的。

其实不论是进化心理学，还是弗洛伊德，对于男性上床之后态度变化的解释都有些悲观。不过，这不一定是事情的全部，这两种学说本来对人性的看法就相对悲观一些。其实，关于男人态度的变化，我们还可以从爱情的发展历程中得到解读，我们知道，就如同两性交往中性生理变化的差异，情感交往中往往也存在不同步的现象。一个热情如火的男性，遇到一个温润如水的女性，可能只是在热恋的时候彼此有干柴烈火、水乳交融的感觉，但是热恋之后，男人的火焰逐渐冷却、女人的温度逐渐升高也是常见的现象。

不是男性不爱了，而是他先来到了爱情的新阶段，女人的温度也会逐渐恢复平常，毕竟从热恋到婚姻，最后都是平平淡淡才是真。

总之，男性上床之后态度的变化，可以从进化心理学、弗洛伊德以及爱情进程论等多方面理解。哪一个更符合女性真实的情感状况，只能是如人饮水，冷暖自知了。

最后留一个小作业，你去观察一下当下最火的一些电视剧，分析剧中的女性角色是如何安排的，是不是还是"圣母－妓女"二分法的，女角色的人设一个纯洁善良，一个妖娆诱惑？你可以体会一下弗洛伊德性学观的生命力。

第十六章
羞耻：为什么一谈性就感觉不自然

愚蠢的第一个迹象是完全没有羞耻感。

无花果的叶子

伊甸园中，亚当和夏娃禁不住诱惑，偷食了智慧之果。顿时，他俩感觉心明眼亮，知善恶，辨真假，但紧随而来的羞耻之情也油然而生。他们顾盼周身，一丝不挂，便觉得无地自容。他们想：用什么东西来隔断外来的视线呢？环视远近，发现无花果树的叶子可以遮蔽身体，于是他俩就把那又大又厚的无花果叶子采来，然后用藤条穿起来，系在腰间，围成了裙子。

当上帝再次呼唤亚当时，亚当战战兢兢地不敢出现，说："我心里很害怕。因为我赤身裸体，不敢见你，所以便藏起来了。"上帝明白了，他们已然偷食了善恶果，于是大怒想要惩罚人类，便赐予蛇终身爬行、女人分娩之痛、男人劳作之苦，同时，上帝明白人已经知道羞耻了，因此为他们各做了一身衣服，并给他们穿上。

这就是《圣经》中"原罪说"的思想渊源，即人生来就具有原罪，这一原罪始于亚当和夏娃偷食禁果，因此哪怕是刚出生的婴儿也要接受神父的"洗礼"。与此同时，人们因原罪还意外获得了一种重要的情感，即来源于对上帝的欺骗、对自己罪行的遮掩而萌生的羞耻感，因此认为人需要不断地忏悔、自省来直面自己的罪孽，降低内心的羞愧感。

亚当和夏娃偷尝禁果的故事大家耳熟能详，不过故事暗含了两种有趣的观念：一是因为赤身裸体便有了羞耻感，羞耻与性有关；二是羞耻感的来源离不开智慧之果，羞耻与人的智慧有关。那么，这两种观念对吗？在《性学三论》中，弗洛伊德是如何看待这种羞耻感的呢？遮掩隐私部位的无花果的叶子与这种羞耻感之间又有着什么样的联系呢？为什么人们会"谈性色变"而非"谈爱色变"呢？

心理大坝：弗洛伊德的羞耻观

从恐惧到羞愧

在文明社会谈性的问题，常常会涉及人的羞耻感。可以说，弗洛伊德并没有专门论述过羞耻感的话题，但是在他的性学论著中，曾多次提及这个概念，如在《性学三论》中，他多次说到羞耻的问题。从这个意义上说，厘清弗洛伊德的羞耻观，对于我们正确、完整地把握弗洛伊德的性爱观具有重要的意义。

弗洛伊德认为，羞耻感的基本含义是自我脆弱性在他人面前的暴露。从人类进化的角度来看，直立行走对羞耻感的形成具有重要意义。为什么这样说呢？因为在人进化的过程中，从树上下来直立行走，其间会把自己的要害部位暴露出来，很明显，这一部位对人而言重要且脆弱，所以人们害怕此处遭遇袭击，便自然寻找物品遮盖其要害部位。随着文明的演进，这种被伤害的恐惧就演化成了内心的羞耻感。

从个体的发育来看，幼儿是没有什么羞耻感概念的，他们赤身裸体，随意展现自己的生殖器，甚至会以此为乐。然而，在发展到性器期的时候，随着恋父/恋母情结的出现，儿童与父母之间就产生了爱与依恋、恐惧和畏惧的矛盾情感，尤其是男孩对父亲，可以说是既爱又恨，既亲切又畏惧，这种矛盾的情感最终会发展为羞耻感。因为在性器期，父母会对孩子进行一些管教，比如在他展现生殖器的时候给予训斥，表现出一些社会性的否定与拒绝。如果孩子不在乎他人，便没有什么羞耻感，但是此时的孩子既需要父母的爱，又怕失去父母的爱，在这种矛盾的带有恐惧的暧昧情感下，他便遵循父母的要求，不再肆无忌惮，这样多次重复后，他若再次裸露生殖器，被动的恐惧最终就形成了主动的羞耻感。

在弗洛伊德看来，羞耻感与道德感是性本能受压抑而逐渐发展的结果，每个人自孩童起就天生具有这样的适应倾向。因此，羞耻感是适应的产物，而不能适应则会带来各种各样的异常症状，譬如退行等，由此引发各种精神疾病。换言之，正是伴随着人们生理、心理的不断成熟，羞耻感才逐渐发展成为人类的复杂情感体验之一，并最终演变成为一种社会文化心态。

羞愧的大坝

羞耻感对于一个人的成长意义何在呢？弗洛伊德认为，羞耻感、暧昧、焦虑等情感就像是一个人的"心理大坝"（mental dams），可以对成长中形成的性欲和暴露癖等起到抵御作用。正是因为羞耻感的存在，才使得人们做出符合社会规范的行为，防止不文明的举措。正如弗洛伊德在《性学三论》中所说的：

"我们还可以将这些对性发展造成阻碍的力量（厌恶感、羞耻感和道德）视作性冲动心理发育的外部阻力在历史发展中沉淀下来的结果。……就在性活动完全或部分潜伏的时候，那些随后会阻碍性冲动发展的精神力量（厌恶感、羞耻感、审美和道德上的理想化要求等）也已经完全成形。它们就像堤坝一样，为性冲动的活动设置障碍。

"孩子本身就具有适应这种倾向的能力；而变态倾向之所以能够畅行无阻，是因为由羞耻感、厌恶感和道德所组成的精神大坝尚未成形。……羞耻感、厌恶感、同情心以及来自社会架构中的道德和专制成了束缚性冲动的主要力量。这样一来，如果一个人在性错乱中止步不前，那一定是他的发育过程受到了一定的阻碍，使其身陷于幼稚行为之中难以自拔。"

弗洛伊德认为，教育在羞耻感的整个形成与发展过程中功不可没。人们并不是生来就具备"羞耻"观念的，哪怕是亚当和夏娃，那也是在犯了错之后才知廉耻的。因此，尽管生理和心理机制为羞耻的发生提供了种子与土壤，但人是社会性动物，一种情感想要演变成社会文化机制并不断得以继承、发展与创新，需要教育作为雨水与阳光来不断予以滋润和照射。

"我们不难发现，在个体发育的过程中，到了适当的时间，一有教育或是其他外来因素的影响，它们便会自发出现。……教育仅仅是在自己的权利范围之内起作用，它使得这股精神力量得到强化，使其变得更为纯净，更加有力。"

性冲动总是在与以羞耻感和厌恶感为代表的某些精神力量做斗争。正是这些力量的参与，使得性冲动被圈定在正常的范围内活动。

梦境与神经症

同时弗洛伊德也看到，社会文化的规范虽然在一定程度上可以抑制性冲动的爆发，但物极必反。如果我们的社会或者孩子的父母对羞耻感的推崇达到极致，必然会导致个体"欲求不满"，从而引发人们的压抑与痛苦。关于这一点的论述，在弗洛伊德的《梦的解析》中得到了充分的展现。

弗洛伊德发现，无论是儿童还是成年人，都会做一种"裸露梦"，这是一种典型的梦境。究其实质，就是人们压抑的裸露欲望在羞耻感的梦中的释放。他在《梦的解析》中直言：

"但我们在此谈论的梦，却是梦见裸体而且确实感到羞愧和窘迫，而在力求逃避时又产生一种奇特的禁制，感到寸步难行，无法改变这种痛苦的局面。"

弗洛伊德认为，裸露梦是一种尴尬之境，对其分析常常要追溯梦者童年时被压抑的裸露欲望和羞耻感，这又常会涉及个体童年时对权威人物的爱恨交织的情感体验。

在裸露梦的分析之外，弗洛伊德还谈到了暧昧、羞耻与神经症的关系问题。羞耻是人际互动中的一种情感体验，是以自我意识和他人存在为共同前提的。但是我如果有裸露欲望，裸露时被一个重要的他人发现，那么在这种情况下，必然产生深深的羞耻感，甚至弗洛伊德认为，严重的羞耻感犹如将一个人撕裂为碎片，导致自我裂变。如果人们的心理大坝高耸，自我要求高，长期压抑欲望，那么形成的羞耻感也会很难克服，从而会导致神经症的发生。

"性冲动很难被驯服，对性冲动的驯化往往不是助纣为虐，就是适得其反。在这方面，文化成就的取得总是以丧失一部分乐趣为代价，一部分性冲动被人为搁置，使得性行为总是存有遗憾。……在文化的要求下，性冲动的诉求不可能得到彻底的满足；由于文化的发展，人类难免要做出一些牺牲，承受一些苦难，甚至在遥远的未来面临灭种的威胁。"

文明是一把双刃剑：一方面教化了人；另一方面在文化的压力下，性冲动无法正常释放，从而必然导致种种不满甚至神经症的发生。

不同文化中的性与羞耻

如果说在西方文化中，羞耻感体现在由亚当和夏娃"原罪说"衍生出来的罪感文化中，那么在东方源远流长的历史发展中，直接发展出来的就是一种"耻感文化"。《朱子语类》"人有耻，则能有所不为；人无耻，则能无所不为"和孔子说的"知耻近乎勇"，讲的是羞耻的激励作用。朱熹的"羞，耻己之不善也"，讲的是羞耻的关系威胁效应。孟子则说人有恻隐、羞恶、辞让、是非"四端"。所谓"恻隐之心，仁之端也；羞恶之心，义之端也；辞让之心，礼之端也；是非之心，智之端也"。在这里，孟子认为，羞耻心植根于人的本性，是"义之端"；

"无羞恶之心，非人也"。在孟子的心目中，羞耻之心是先天而来的，是人与兽的区别。从这些论述中我们可以看出中国儒家文化对羞耻之心的重视。

很明显，羞耻之心很早就有了，但真的像孟子所认为的那样植根于人的本性吗？其实不尽然。如弗洛伊德就指出，其实我们在日常生活中经常会看到，人刚出生的时候，是不知道羞耻的。一个幼小的婴儿，赤身裸体，满世界乱转，他不会感觉到"光屁股拉磨，转圈丢人"，可以说，这时候他是没有羞耻和好恶之心的。人的羞耻感非先天产生，更多的是社会文化规则介入和教化规范的结果。

在社会规则的制定中，中西方纷纷对性的表现进行了制约。在中国，有"存天理，灭人欲""性为万恶之源""饿死事小，失节事大"等观念的疏导和教化，尤其是曾统治中国几千年的主流文化——儒家思想对性爱的否定及"羞耻"的推崇，使得"性羞耻"更是走向极端。著名人类学家许烺光先生曾提出"非性文化"这一概念。在我们的文化中，很少谈性的问题，有意压抑或模糊性的观念，模糊两性的区别，而这种"非性文化"追根溯源，多半是"羞耻文化"演化出的一种"压抑爱"的文化。在西方，则有宗教对性的禁忌与约束。

讲到性爱的文学作品会从一切可能的文化角度重新解释本能之爱，否则就是"不堪入目"，不高级。这样，"窈窕淑女，君子好逑"被奉为"后妃之德"的最高典范；在《金瓶梅》

中，大量的性写实描述被中国历代统治者看作最大的"淫书"。在《红楼梦》中，作者采用了"真事隐去"的手段，"蝉蜕于秽""莲出于泥"，把本能的色欲净化、雅化，化丑为美，最终获得世人的认同。从这些表现可以看出，"非性文化"的浪花底下实则涌动的是"性禁忌""性羞耻"的核心本质。

不过，话说回来，无论是西方的禁欲思想还是东方的"非性文化"，都无法阻挡青春期荷尔蒙的汹涌来势。弗洛伊德揭开性羞耻的根源之后，在越来越多的社会中，人们对性话题越来越宽容，"赤裸裸地谈情说性"已经是文明彰显的标志之一。

直面性羞耻

既然性羞耻多半源于后天教化的结果，那么很明显，在社会文化层面，往往对两性有着不同的要求，于是就形成了两性羞耻的差异。弗洛伊德早就看到，在羞耻感的形成与发展中，男女之间存在差异：

"早在童年时期，男女之间的差异就已经有所显露。各种性阻碍力量（羞耻感、厌恶感、同情心等）在女孩身上出现得更早，相比男孩也更容易为她们所接受；女孩受到的性压抑更为明显，其部分性冲动也更多地以被动的形式显现。"

换句话说，相较于男性，女性的羞耻感萌生得更早，性压抑更明显，这与当下的一些研究结果是一致的。有研究表明，性羞耻心扩大现象常见于女性，且女性比男性更容易产生强烈的羞耻感，而男性虽然也有"害羞"之时，但是和女性相比，男性的羞耻感却总是要远远少于女性。纵观古今中外，女性对爱，尤其是性爱，一向比较含蓄，譬如"嫣然一笑""羞答答""犹抱琵琶半遮面""低头羞见人，双手结裙带"等，普拉克西特列斯的雕塑名作《克尼多斯的阿佛洛狄忒》和《梅迪奇的维纳斯》也都含蓄地反映了女性羞怯的美感，"害羞"使性爱变得更加文雅，"欲语还休"使女性更添"性美感"的魅力。因此，除去两性由于生理因素的差异而导致性角色的不同，长久以来社会角色与刻板印象对其的影响也不容忽视。比如，男性的性羞耻，会让人感觉不阳刚，没有攻击性；女性的性羞耻，则会让人怜爱，得到更多肯定，是一种"害羞之美"。

性羞耻，从本质来说，是社会教化之下的一种自我约束的性道德，这并非无用，正如弗洛伊德在《性学三论》中所说：

"也恰恰是在文化的要求下无法得到彻底满足的性冲动，成全了我们最伟大的文化成就。"

然而，我们必须看到，即使到了今天，我们的性文化和道德也暗含性压抑的成分，它造成了许多年轻人尤其是女性的性焦虑。一个身体成熟的女性，其意识还停留在一个女孩的观念中，即使进入婚姻，由于性羞耻也难以让她享受性的快乐，她做的只能是不得已，只能是取悦男性，这无异于浪费青春与自我折磨。

因此，羞耻文化是道德和文明的根基，但过于强调会导致人性的压抑与扭曲，弗洛伊德以来的性讨论，让我们可以直面自己的成长，直面自己的欲望，放轻松，享受生活和性。

第十七章
禁欲：家教越严越容易出轨吗

禁欲与贞操观导致女性对性的无知，
随后会带着一种不安的状态进入婚姻。

女儿国的性诱惑

《西游记》中唐僧师徒途径女儿国，漂亮的女国王对唐僧一见钟情，邀请他到自己的闺房夜话并大胆表白，电视剧将这一幕刻画得非常动人：

唐僧：陛下，贫僧许身佛门，正是为了解救芸芸众生，使世上不再有杀罚纷争，使人间不再有怨女鳏夫。

女国王：既然御弟哥哥有如此胸怀，那么眼前就有需要你解救的芸芸众生。

唐僧：哎……，陛下，贫僧取经心切，还望陛下早日发放通关牒文。

女国王：我身为女王，饱享荣华富贵。可是从未享受人间欢乐，今日哥哥到此，真乃天赐良缘。来日哥哥登上宝座，我为王后，从此双宿双飞，这不是万千之喜吗？

唐僧：佛心四大皆空，贫僧尘念已绝，无缘消受人间富贵，阿弥陀佛。

女国王：你说四大皆空，却紧闭双眼，要是你睁开眼睛看看我，我不相信你两眼空空。不敢睁眼看我，还说什么四大皆空呢？

唐僧：阿弥陀佛。

女国王：哥哥，别闭上，睁开眼睛吧，你就睁开眼睛吧。

（此时唐僧已满头大汗、满脸通红。）

俗话说"英雄难过美人关"，在《西游记》中，最终经历九九八十一难的唐僧在女儿国经历了一个最特别的难关：美色关。如果根据本能，他如我们凡夫俗子一般，或许就从此沉浸在温柔乡中，快快乐乐一生算了；然而，唐僧是一个佛教徒，色是"五戒"之一，他又不得不遵守。当然，作为故事的主人公，唐僧最后还是坐怀不乱，为事业舍弃了儿女私情。

不过，话说回来，唐僧禁欲成功并不代表我们每个人都能做到如他一般。况且，人在社会生活中真的要无节制地限制自己的欲望吗？两性关系，本来是人和人之间直接的、自然的、必然的关系，但是许多人的性欲却遭压抑已久，性被视为不洁净的罪恶之源。这样的观念有什么问题吗？弗洛伊德是怎样看待欲望与禁欲的？这会给个人和社会带来什么样的影响？我们又该如何诚实地面对自己的欲望？

反对性压抑：弗洛伊德的禁欲观

禁欲不是最好的选择

根据弗洛伊德关于禁欲的论述，这里的欲主要是指性欲，从弗洛伊德的基本观点我们也能想到，对于禁欲他是持反对意见的。性欲作为最强大的力比多之一，它是我们行为的重要动力，如果这种能量不能得到正常的释放，就会以其他方式进行宣泄，或者被强制压抑而产生各种精神疾病。他的观点集中在《性学三论》的最后一篇《文化的性道德与现代人的精神病》中（它也是一篇论文）。

在这篇论文中，弗洛伊德将性道德做了分类：一是自然的性道德，指的是能帮助人类持续保持身体健康和生命活力的伦理系统；二是文化的性道德，指的是能促使人们更为专注、更有成效地参与文化活动的性伦理。

文化的发展可以根据性冲动的变化划分为三个阶段：

1.性冲动不以生殖为目的，完全不受约束；

2.一切不为生育服务的性冲动都受到束缚；

3.只有合法的生育才能被允许成为性目标。

上面所说的文化的性道德，则产生在第三个阶段。在这个阶段中，仅仅允许合法婚姻内的性行为，那么必然对成年男女做出禁欲的要求。一些人违心地适应了文化要求的影响，痛苦地压制了内心的欲望，竭尽全力维护文化发展的要求，他们为此殚精竭虑，时不时显露出疲态，最终可能会出现精神病态。

换言之，弗洛伊德在这里立场鲜明地对禁欲时代的文化规则提出了挑战：这样的文化的性道德就是诱发精神病的重要原因，禁欲有害。

接下来，弗洛伊德对这一命题进行了具体的论证：

一是第三个阶段对人提出了什么要求。其答案很简单：因为在这种文化下，要求合法的生育才能成为性目标，所以未婚的自然就不合法，这样除开青少年需要禁欲不算，独身者就要禁欲一辈子了。许多人其实难以做到禁欲，这样一来，他们就会变得神经质一点，或者会做出一些有损健康的事。事实上，一个人越是陷入精神问题不可自拔，就越难做到禁欲。循环往复的结果就是最初的禁欲导致了精神病症的频发。

二是婚前禁欲会带来什么损害。弗洛伊德认为，夫妻性生活美满的时间只有几年，三五年后，夫妻双方的快感下降，激情不再。这时候，男性或许会绞尽脑汁地突破性道德找一点性自由，女性则常夹在内心的欲望和自身的责任感之间难以抽身，最后变得焦虑和"神经兮兮"。

三是这种禁欲行为对文化的发展有什么好处。弗洛伊德认为，文化总是试图延缓性发展和性活动，考虑到青少年成长周期越来越长，这种要求也是必要的。但是，婚前超过20年的禁欲，对青年男子来说是不可想象的，即使不让他们变成精神病患者，也会给他们带来其他的伤害。虽然禁欲可以磨炼少数人的意志，但对大多数人来说，对性冲动的压制过于极端和强烈，结果往往会适得其反。总之，禁欲不是最好的选择。

禁欲的系列恶果

弗洛伊德明言：

"我不得不说，禁欲除了会诱发精神病，还有其他的恶果。"

其他的恶果是什么样的恶果呢？

一是对女性童贞的推崇。在禁欲文化的影响下，在很长的历史时期内，直到如今，处女情结还是广泛存在，即人们要求女性在正式步入婚姻前，应当保持完璧之身，不能与其他人发生过性关系。弗洛伊德表示这样会产生的后果是：女性对于打破禁欲规则与自己发生性关系的丈夫（第一个男人）容易产生性依附感，即产生高度的依赖性和顺从心理，所以男性为了更好地获得妻子的性依附，在禁欲文化下对女性的童贞要求更加严格。在弗洛伊德看来，女性的禁欲在本质上与男性贬低性对象的需求无异，这是对女性的贬低和压迫行为。

二是导致恐婚和出轨。根据弗洛伊德的观点，禁欲与贞操观导致女性对性的无知，随后带着一种不安的状态进入婚姻。性行为的表现让人失望，往往会性冷淡，不愿意怀孕生子。等其明白爱之真谛，与丈夫的裂痕已经难以修补了，进而导致的结果，或是性饥渴，或是出轨，或是罹患精神疾患。弗洛伊德认为，对女性性欲的压迫其实容易产生两种极端：一种是她们将自己的性欲转移到孩子身上，对孩子百般宠爱，容易造成孩子性早熟；另一种是纵欲——性滥交，在丈夫身上没有得到的性满足就通过其他人补偿，婚内出轨行为随之产生。

三是引发自慰的乱象。在禁欲的文化内，禁欲者往往借助手淫等形式来获得性满足，这类似于孩童时代的自体娱乐，暗含一种退化，容易诱发各种心理问题。同时，过多的自慰也会惯坏一个人的性格。因为自慰是一种自体性欲的方式，可以不经付出轻易达成性目标，那么长此以往，容易养成不劳而获的性格，就是做什么都不愿意付出。最后，自慰往往是通过幻想来实现的，这时候可以尽情想象，把性对象抬到一定高度，但是在现实生活中很难找到这样的人。

弗洛伊德最后总结道：

"我们还要明白，对性行为的限制，会大大增加一个种族的生存焦虑和死亡恐惧感，从而影响每个个体享受生活的能力，打消他们为某个目标英勇献身的积极性。这一切都会直接表现在人们日益减弱的生育愿望上，这可能直接导致一个民族在未来被除名。"

从压抑到升华

在东方文化中，儒家"存天理，灭人欲"的观念深入人心，或许每个人都受过禁欲的苦，但最苦的是这种文化内的女性。在中国传统文化中的女性，因禁欲文化所遭受的压抑和苦难，不亚于弗洛伊德所描述的那个时代，这其实也是许多人迄今为止仍然觉得和弗洛伊德心有戚戚焉的原因。

在礼法上，中国古代就有所谓"男女授受不亲"。在思想上，宋明理学宣扬"饿死事小，失节事大"。在律法中，清朝强制要求寡妇不能改嫁。那些为死去的丈夫守寡的女性将会受到朝廷的褒奖，否则会被处死。据董家遵对《古今图书集成》中的资料的统计，从周至五代有记载的贞节烈女仅92人，宋朝增至152人，明朝的276年间猛增到27 141人。但按照郭松义的研究，比起清朝来，明朝的2万多人只能算作小巫见大巫。清朝受到旌表的贞节烈妇竟然高达100万人，妇女获得旌表成为一种宗教性风潮。

当然，全世界许多地方都对女性的贞操有着严格的要求。例如，在古波斯，姑娘7岁以后就不能见任何男性。出嫁以后，只能居留在丈夫的"后房"里，不许被丈夫以外的任何男性看见。妻子必须出门时，要用衣物把全身上下都遮盖起来，脸上还要罩上四层面纱。直至今天中亚、阿拉伯地区仍流行着这种习俗。

禁欲文化毕竟违反了人性，这种受压抑的人性在一些文学作品中有所张扬和反映，进而因为群众欲望的投射而成为经典。其中《金瓶梅》和《十日谈》应该是中外文学史上非常有名的"有颜色"的作品。它们都诞生在相似的禁欲主义的历史背景下，那时受经济社会发展的影响，人们开始表现出一定的反抗精神。

在《十日谈》中就有女性对于性权利的直接申诉。在第五天第十个故事中，酷爱女色的富翁皮耶德罗娶了一个性感的姑娘为妻。妻子得不到满足就与别人偷情，被抓包后发出了女性对于性要求和性权利的申诉：

"即使你给我吃得好、穿得好，可是请你问问你自己的良心，你那方面待我怎样？你有多久没有陪我睡觉了？与其叫我独守空床，我倒宁愿穿得破破烂烂，不要吃好穿好。皮耶德罗，你要知道，我既然是女人，就有女人的欲望。我既然不能从你身上得到满足，自然要去找别人，你也怪不得我。"

到了近现代，一些思想先进的人开始抨击传统的封建礼教，包括抨击对妇女贞节的要求，鲁迅先生在《我之节烈观》一文中说：

"古代的社会，女子多当作男人的物品。或杀或吃，都无不可；男人死后，和他喜欢的宝贝，日用的兵器，一同殉葬，更无不可。……这样风俗，现在的蛮人社会里还有。中国太古的情形，现在已无从详考。但看周末虽有殉葬，并非专用女人，嫁否也任便，并无什么制裁……由汉至唐也并没有鼓吹节烈。直到宋朝，那一班'业儒'才说出'饿死事小失节事大'的话，看见历史上'重适'两个字，便大惊小怪起来。"

当然，在社会昌明的当下，许多人会觉得性之自由是想当然的事，其实我们当下的权利正是许多前辈努力的结果，我们所享受的一切，并非与生俱来的，所有前行者，包括弗洛伊德，都值得我们尊重和纪念。

另外，由于对禁欲文化的鞭挞，以及对性的关注，人们对弗洛伊德的理论冠以"泛性论"的标签，同时他本人也成了许多倡导性解放者的理论先驱，成了某种程度"滥用性权利"的代言人，批判者也因此批评弗洛伊德宣淫毁道。不过，这里不得不多说一句，弗洛伊德对禁欲主义的严厉批判确实是真的，但是如果据此就说他扰乱社会风气，传播淫秽思想，就真是误解他了。他虽然承认性压迫是人类心理问题的成因，但他在

《文明及其不满》一书中又明确指出：

"性压迫对于创造和维护有组织的文明是必要的。"

因此，弗洛伊德对于性的态度似乎是有些矛盾的，弗洛伊德在《性学三论》中还表达了他另外的思考，他说：

"但我觉得我们有必要认真考虑这样的可能性，即天生的性冲动彻底得到满足并非一件好事。"

性压抑有问题，性放纵也不是好事，那么怎么办呢？答案是让性冲动升华。弗洛伊德认为，正是在文化的性道德的压力下，性冲动无法得到完全释放转而用作他途，通过升华便可以创造出我们最伟大的文化成就。

第十八章
升华：性压抑与性苦闷的出路

一个人在经历性与爱情不幸的时候，
往往是其创作最旺盛的时期。

去爱，去工作

弗洛伊德晚年的时候，有人问他"一个正常人应该怎么做才能活得好"，他的回答是"去爱，去工作"（to love and to work）。确实，对人而言，爱与工作就像阳光和水对植物那般重要。如果心理治疗能让一个人学会如何好好爱与工作，那么这个治疗就算成功。当然，有人会对弗洛伊德的人生意义归结于"爱与工作"感到怀疑：弗洛伊德不是一个"泛性论"者吗？不是提倡本我的快乐原则吗？不应该让人们放飞自我及时行乐才对吗？这种"爱与工作"的回答太像一个睿智的老人对一个年轻人的勉励了，这是不是人们编的心灵鸡汤的段子啊？

确实，对弗洛伊德这句关于"爱与工作"的流传甚广的名言，人们有过怀疑，甚至有学者专门考证了这句话的起因，结果研究者并未找到这个故事的确切出处，但是弗洛伊德确实说过类似的话，他更经常谈到的两个词是"野心"与"性"：

"青年男女的幻想自然分为两大类：一是雄心勃勃的愿望，用来提升个人的个性；二是性的愿望。在年轻女性中，情爱的愿望更为强烈，因为她们的野心常常包含在情爱内，而在年轻男性中，个人主义的野心与情爱的愿望一起明显地显现出来。但我们不会强调这两种倾向之间的对立，我们宁愿强调它们往往是统一的。"

甚至弗洛伊德在《梦的解析》中直接说过与"生命中重要的事为爱与工作"类似的话：

"白日梦有两个目标：一个是情爱的，一个是雄心的。"

可以说，弗洛伊德确实没有直接说过"人生的意义在于爱与工作"这样的鸡汤文字，但是相对于性的原始释放，他更推崇性欲的升华，推崇爱情与工作价值也是一个事实。那么，他对于性与爱、对于文明与升华到底是怎么想的呢？

消除性压抑：弗洛伊德的升华观

升华的内涵

弗洛伊德认为，人的原欲即力比多就像一条奔腾不息的河流。随着水的流淌与辗转，尽管水的能量依然存在，但由于各种因素的变化，比如方向、形式等，因而导致"人不能两次踏进同一条河流"，即河流已不再是原先的那条河流。同理，尽管性欲依然存在，但其所有或绝大部分能量早已脱离了原来的性目标，被挪作他用。在所有的用途中，只有那股冲动升华至精神领域，创造出艺术与美，才被称为升华。

具体来说，升华是一种无意识的心理过程，通过这种过程，本能的、社会上不接受的能量或力比多被转移到非本能的、社会上接受的活动。例如，弗洛伊德认为，未得到满足的力比多的升华是伟大艺术和文学创作的背后动因，这种理解蕴含着一个更有意思的命题：性是美的本源。我们原本受挫的心理压抑可以向符合社会规范的、具有建设性意义的方向抒发，并继而产生文化成就。

那么，升华作用的根源到底是什么呢？它发端于何时？为什么升华另辟蹊径以积极的方式满足了性欲？

弗洛伊德认为，升华具有普遍性，可作用并发生在每个人的身上，且其源头可以追溯到童年时的性潜伏期。一方面，由于这一时期生殖器官尚未发育成熟，性欲正处于"巧妇难为无米之炊"的尴尬境地，只能另寻他路；另一方面，童年的性欲本身就是反常的，虽然其性欲同成年时期一样源于性快感区，通过性冲动的形式得以表现，但在这一时期性欲却带给人不快的体验。我们知道人总是喜欢"趋乐避苦"的，于是，一股精神上的反向作用就被唤醒，厌恶感、羞耻感和道德由此萌发，构成了对抗这种不快的精神大坝。然而这些由于反向作用而形成的积极品质，却意外地使得童年时普遍的性变态倾向逐渐转换成美德，并最终沉淀于我们的性格之中，成为我们人格的一部分固定下来。比如，顽固、节俭、正派等性格特点塑造于肛门性欲时期的反向作用，而雄心壮志通常来自尿道性欲时期的强烈作用。

不得不承认，虽然升华作用形成的过程充满着出人意料的戏剧色彩，但也无不包含适应意义，正是因为升华作用的存在，人才最终成为真正意义上的"社会性动物"。在《性学三论》实践篇的《文化的性道德与现代人的精神病》中，弗洛伊德认为文化的性道德最终引发了性压抑，一些社会和个体采用了禁欲的方式来应对这种性压抑，这是违反人性的。那么这种性压抑该如何处理，是纵情声色吗？弗洛伊德并不同意，他给出的答案是：文明导致了性压抑，但性压抑可以通过升华的方式来解决。

升华理论的历史

如果说探讨牛顿的万有引力来源，可以追溯到苹果树，那么探讨弗洛伊德升华理论的来源，可以追溯到"狗尾巴"。据弗洛伊德自己说，他曾阅读一个著名医生迪芬巴赫（1795—1847）的传记，书中说这个人在学生时代，总爱搞恶作剧，喜欢把遇到的狗的尾巴都剪掉。当然，后来这个人成了一个伟大的外科医生，专门做各种手术，于是弗洛伊德感叹：

> "有些人终其一生都在做同样的事情，起初是出于虐待的恶作剧，后来是为了人类的利益，我认为，人们可以恰当地将这种行为意义的变化称为'升华'。"

这就是弗洛伊德升华理论的最初来源，但是说到升华思想的传播，则得益于弗洛伊德的美国之行。当年美国克拉克大学校庆，校长霍尔邀请弗洛伊德去撑撑场面，在那里弗洛伊德发表了五次关于精神分析的演讲，这些内容就是他的名著《精神分析引论》的雏形。在这本书中，弗洛伊德谈到了升华，他认为力比多有两个作用，一个是在神经症的病因中扮演重要角色。另一个是对人类精神的文化、艺术和社会创造做出贡献。弗洛伊德认为，文明是在生活迫切性的压力下，以本能为代价创造出来的，其中力比多性冲动扮演着重要的角色。在这个过程中力比多升华了，它们偏离了自己的性目标，转向了社会地位更高、不含性意味的目标。

弗洛伊德认为，一个人可以通过有意识的选择来启动升华，但这个过程本身是自发的和无意识的行为。对于升华的目标，弗洛伊德指向了两个方面：

一是工作。弗洛伊德在《文明及其不满》一书中，着重展现了工作对本能欲望的升华。他认为，虽然人们常认为不工作时才能够快乐，但是通过升华，可以从体力和智力的工作中产生快乐；艺术家在创作时的快乐、科学家在解决问题或者发现真理时的快乐，比原始的本能冲动所产生的快乐更好、更多。

二是情爱。弗洛伊德在《群体心理学与自我分析》一书中也提到了升华，认为升华在本质上是一种宗教情感。这种情感已经偏离了最初的性目标，本质上是精神上的爱的表达，力比多经过情感纽带，可以巩固一段充满激情的爱情和婚姻。在这里，本能欲望通过情感纽带得到了升华。

正是有了这样的表达，江湖上才有弗洛伊德对于人生建议的鸡汤式回答：去爱，去工作。

无疑，弗洛伊德对于升华的解释是充满正能量的。升华可以主动选择，目标取向是爱与工作。当年有意思的一件事是，弗洛伊德提出升华理论之后，社会上对他"黄色心理医生"的风评就变了，有人评论他："这个弗洛伊德是一个可恶的人，然而他有一根绳子，借助它便可以把自己从肮脏的下水道中拉出来，这就是升华的概念。"换言之，通过升华的概念，可以将精神能力转向非性的目标和对象，不用整天围绕着性与生殖器转了。

升华的案例：达·芬奇

提到升华的概念，弗洛伊德常常提及的是艺术家创作。他曾在一次演讲中引用了一位艺术家的案例，说一个艺术家性格内向，有一种天生的神经症倾向。现实中，他无法满足自己对荣誉、权力、财富、名誉和性的欲望，于是他从现实转向了幻想的生活。这可能会导致他患上神经症，也可能让他通过"升华的能力"获得一种类似的快乐，这种快乐甚至超过了他的本能欲望得不到满足的事实，这时艺术家既获得了他人的感激和赞赏，也通过升华获得了荣誉、权力、财富、名誉和性。

弗洛伊德认为，如果一个与现实格格不入的人拥有某种艺术天赋，他就可以将自己的幻想转化为艺术创作，而不是转化为症状。这样他就可以逃脱神经症的厄运，并通过这条迂回曲折的道路，重新与现实接轨。力比多的压抑导致了心理冲突，最终的结果是健康者、神经症患者还是艺术家，取决于冲突力量的相对强度。

在对达·芬奇的分析（见《达·芬奇对童年的回忆》）中，弗洛伊德完整地展现了这种思想。从达·芬奇的笔记本上记载的一段童年时代的回忆中，弗洛伊德发现了达·芬奇与秃鹫之间的秘密。他认为，达·芬奇关于秃鹫的幻想，事实上是他在哺乳期的记忆。他认为，秃鹫隐喻了哺育他的母亲，母亲的爱抚与温柔的记忆借助于幻想（即创造过程）逐渐清晰起来。同样，达·芬奇借助《蒙娜丽莎》《圣母子与圣安娜》等文艺作品，使欲求得以倾诉与发泄。

"幻想所掩盖的仅仅是妈妈怀里吸吮乳头，或者被哺乳的回忆，这是人类美丽的一幕。他像许多艺术家一样，在圣母和她孩子的掩护下，用他的画笔进行描绘。"

弗洛伊德专门写了一篇名为《论升华》的文章，说生活本就不尽如人意，为了忍受生活的不如意和满足那充满生命力的激情，我们不能没有准备，而升华则是所有防范痛苦的措施中最能为社会所允许、合法合理地释放积郁的途径。

我们要注意的是，这种升华作用虽具有普遍性，但其具体效力会因程度、因人而有所差异。就像机器的机械运动中热能不可能百分之百地转化成动能一样，性冲动也不可能无限地被转移。有些性冲动可以被转移，从而表现出其文化价值；有些性冲动则十分顽固，它们不愿被用作他途，有时甚至不惜一反常态来抵抗。同时，由于原始的性冲动强弱因人、因环境而异，因此其可被投入升华的份额也各不相同。并非人人皆能创造文化成就，事实上只是极少数人才能做到，甚至有一部分人由于欲求不满而罹患神经症，饱受摧残。升华是可遇不可求的，毕竟被苹果砸中的人有很多个，但牛顿只有一个。

关于弗洛伊德对达·芬奇的精神分析的重要意义，我们可以看看他有一次接受访谈时的表白。

记者问："你发现人类是侵略性的，文明是有缺陷的，你怎么还爱人类呢？"

弗洛伊德回答："因为有时可能会出现达·芬奇……"

从升华理论到自我防御机制

从更广泛的角度来看，弗洛伊德的升华概念是植根于他的精神分析自我防御机制探讨的框架下的。根据弗洛伊德的模型，在人的大脑中存在三种力量：

- 本我：对食物、舒适和性的无意识原始冲动。
- 超我：有意识地推动的和社会的价值观念。
- 自我：一种缓和本我和超我的意识部分。

在本我想吃想喝时，超我说"做个人吧，不能乱来"。本我的需求和超我的需求相互矛盾时，就会出现焦虑。为了缓解这种焦虑，人们就会摆出一种大杀器：自我防御机制，从而重新获得心理平衡。比如，一个人依据本我的冲动，对一个不应该的人产生了性冲动，那么就可以将冲动转化为艺术创作，这便是升华。

当然，我们可以看出，这只是防御机制的一种。个体也会采用其他策略重新获得心理平衡，比如他可以采用"拒绝"策略，拒绝承认会导致他焦虑的真实事情或经历，也可以采用"合理化"策略，用看似合乎逻辑的原因来证明错误或问题产生的合理性。总之，这些防御机制衍生出来的策略有的是成熟和有建设性的，如升华、利他；当然也有些不成熟和有问题的，如认为别人也不好的投射、间接表达敌意的被动攻击行为等。

就在弗洛伊德提出升华这一概念之后，他的女儿安娜·弗洛伊德成功地接过了他的衣钵，并于1936年发表了《自我与防御机制》一书，书中总结了10种防御机制，并将"升华"列为10种防御机制中最为正向的、对心理健康起着积极建设和维护作用的一种。

当然，在当下的心理防御机制研究中，防御机制已经不只10种，在最新的防御机制评定量表（DMRS）中，防御机制已包括30余种了。不过由于篇幅限制，这里不再赘述。

与此同时，弗洛伊德之后的许多理论家和研究人员，也采用了一些类似于弗洛伊德的防御机制的概念，虽然有的有说明，有的没有说明，但我们都可以看到弗洛伊德的影子：比如阿德勒和霍妮提出的保护策略、费斯汀格提出的认知失调观念、班杜拉提出的自我免责机制、神经心理学强调的战斗或逃跑机制，等等。可以说，弗洛伊德的升华观及其防御机制理念正在被不断深入研究，并在各种研究中开花结果。

始于欲望，终于创造

升华与艺术创作

沿着弗洛伊德的思路，我们确实看到了升华对于人类文明的重大意义。一方面，"作家的职责所在就是将压抑着的欲望冲动通过创作纳入艺术的轨道"，艺术创作是创作者通过幻想来满足内心欲望的另一种方式；另一方面，观众的欲求也通过想象自己成为"一个伟大的人物"而获得快乐，在观赏创作者的幻觉中释放了自己的情感与冲动。由此，文艺作品用一种"体面"的方式满足了自己和观众的愿望，并成为疏导情绪、缓解压力的有效媒介。在弗洛伊德看来，文学作品就是"无意识在想象中得到满足"："那些在艺术方面富有天赋的人，往往是高效、性变态和精神病的结合物。"

这句话虽然听着让人有些不舒服，但确实是事实：艺术家就像一个精神病患者，从一个他所不满意的现实中退缩下来，钻进那个由自己的想象力所创造的世界中。但艺术家又不全然是一个精神病患者，因为他们既"进得去"，也"出得来"，这也是其过人之处——知道如何打开幻想的大门，又能够随时找到那条回去的道路然后回归现实。

达·芬奇之外，许多文明的创造活动都与此相关。比如，著名的司马迁"发愤著书"。熟悉历史的读者都知道，当年司马迁是在经历了宫刑，遭受巨大的身心摧残后，无法获得正常的性冲动满足，力比多转向升华，前后历经十多年才完成了《史记》这一"史家之绝唱"。为什么此等奇耻大辱非但没有让他躺平堕落，反而激发出前所未有的坚韧意志，造就了《史记》这样的辉煌巨著呢？司马迁本人在谈及文学创作时是这样回复的：

> "盖西伯拘而演《周易》；仲尼厄而作《春秋》；屈原放逐，乃赋《离骚》；左丘失明，厥有《国语》；孙子膑脚，《兵法》修列；不韦迁蜀，世传《吕览》；韩非囚秦，《说难》《孤愤》；《诗》三百篇，大抵圣贤发愤之所作也。此人皆意有所郁结，不得通其道，故述往事，思来者。乃如左丘无目，孙子断足，终不可用，退而论书策，以舒其愤，思垂空文以自见。"

由此可见，司马迁认为，这些不朽之作之所以能够问世，除了个人良好的文学素养之外，最重要的原因是这些作者都经历了一种类似emo（emotional，情感的，引申为郁闷）的状态。一方面，他们"敢怒不敢言"，生活困苦、欲望被压制，虽然不能说，但可以写，借助书写表达来倾诉内心苦闷，调适情绪。另一方面，文人的自尊心、自我价值感通常是比较高的，虽当下不被人待见，但坚信自己的才情终有一日会被世人所赏识，而且相比于生命和自己的欲望，文字更能够久远流传，因此，他们希望借助诗词将自己的才情流传下去，以期未来终有一日能够遇到志同道合的知己。于是，虽然郁结堵心口，我心忧忧无人懂，但能借这三言四句，以此"发愤"，用"作品"来说话，最终压抑的欲望、冲动化解为文明创造，他们的升华得以现实，更是激励着一代又一代的文人墨客勇于用文字记录心情，化悲痛为力量，让腐朽升华为神奇。

人生就是一场升华

在弗洛伊德的观念中，升华是一个人成熟的标志，这是减少不可接受的冲动和降低可能的焦虑的一种方式，是将消极的和社会不可接受的冲动引导到积极的和社会可接受的行为中去。在升华的过程中，可以引导人们从事更有利于他们健康的活动，或从事更积极、富有成效的创造性活动。

通过升华，一个小时候虐待动物的男孩成为一名擅长外科手术的名医，达·芬奇通过艺术创作疏解了自己的恋母情结，在更多的案例中，个人欲望的挫败创造了文明。当然，我们作为普通人，在欲望受挫时，不一定要这么高端地做到功成名就之类。升华的案例可能随时会在我们的生活中展现。

想象一下，你和你的隔壁邻居发生了争执。你的愤怒情绪可能会产生对邻居进行身体攻击的冲动。这个时候怎么办？因为进行身体攻击这种行为是不合适的，想想弗洛伊德的升华，你正处在减肥期，所以你可以通过慢跑来应对你的挫折感，这也是一种升华。在文明社会为什么体育比赛那么受欢迎？用弗洛伊德的理论很好理解，根植于人性中的攻击性在文明、道德的约束下受到了压抑，人们升华了，攻击性变成了体育比赛，变成了可接受的文明社会的举动。

现实世界中还会有一些心灵上的冲突可以通过升华来缓解：

- 你有一种对伴侣不忠的冲动。你不是将这些不可接受的冲动付诸行动，然后说什么"这是每个人都会犯的错"的虚伪话，而是可以将你的情感引导到花道、茶道，在一门爱好中释放冲动。

- 你在一段关系结束时变得心烦意乱。为了应对这些负面情绪，你可以开始写诗、写文章、拍视频发朋友圈，你可以将你的心碎和不安情绪转化为创造性活动。

- 你在工作中受到领导的谴责。你担心自己可能会失去工作，但你可以决定下班回家后，寻找朋友叙叙旧，思考和释放一下你的挫折感。这项活动不仅让你有时间冷静下来和反思，还有益于你的身心健康。

- 你几乎痴迷于需要控制生活中哪怕是最小的细节，天天对自己的家人吹毛求疵，严重影响了生活。这时候，你可以将这种能量升华，开一个小店，对产品质量和流程精益求精，成为新时代的工匠。

鲁迅说"文学是苦闷的象征"，萨特说"写作是弱者的自白"。所谓弱者也可理解为人生场上的失意者、压抑者，因为欲望难填，所以舞文弄墨，而艺术有成。的确，或许我们无法逃避现实的残酷，在你深感欲望与文明的冲突导致你无限忧伤之际，你可以换个思路，不妨努力去创造，去爱，去工作，或许你的人生也由此升华，别有一番洞天！

　　和你一起阅读弗洛伊德的经典著作《性学三论》，我们从最初的欲望之源力比多开始，到性压抑与性苦闷之后的升华结束。开始于性与欲，寻找出路于爱与工作，在升华中自我得以提升和满足，这其实就是我们的人生。

后记
弗洛伊德是主张拆屋顶的人

所有两情相悦的感觉，无论表现得多么超尘绝俗，
都根源于性冲动。

　　如果说，我们深入解释的弗洛伊德《性学三论》的重要概念是一颗颗璀璨的珍珠，散发着弗洛伊德智慧的光芒，那么接下来，我们就用逻辑的线条，用通俗的语言把这些珍珠串起来，形成一条弗洛伊德的性学思想的项链，让我们对这本书的思想有完整的把握。

读懂《性学三论》并不难

追根溯源：力比多

　　"问渠哪得清如许，为有源头活水来"。理学大师朱熹在诗句中自问自答：要问池塘里的水为什么这样清澈，是因为有永

不枯竭的源头源源不断地为它输送活水。那么，性与爱的多种表现是什么原因呢，它最初的动力和活水又在哪里呢？弗洛伊德在《性学三论》中提供了一个答案：力比多。

如何理解弗洛伊德性学理论中的这一核心观点呢？我们可以用饮食作类比：食色，性也。人类为了生存与繁衍，有食欲和性欲的区别，食欲的源头在饥饿感，性欲的源头就是力比多，换言之，力比多就是性冲动，是性饥渴，是人行为的驱动力。在后来的著述中，弗洛伊德将力比多的解释力度进一步扩大，发展成一切爱的本能的力量。随后力比多不断演化，最终形成了我们人类心灵的各种现象与情结。

以力比多为基础，弗洛伊德又推衍出两个概念：

- 性对象。力比多剑指何方？弗洛伊德认为，性对象就是性吸引力的来源所在，也是我们的性冲动所指向的人。在这里，性冲动无所谓好坏，但性对象是可以有所选择的，就像有食欲需要饱餐一顿无可厚非，但是食欲的对象要有所选择。所以，性冲动无罪，但性对象的选择可能出现偏差，比如爱上一个不该爱的人。

- 性目标。力比多要干什么？弗洛伊德认为，性冲动所竭力要达成的行为就是性目标，也是力比多的目标所在。同一性冲动可以通过形成不同的性目标来达成，比如两性交欢可以是性目标，自慰也可以是性目标。

力比多结合性对象与性目标，便构建和演化出弗洛伊德在《性学三论》中所描述的性与爱的世界。

误入支流：性倒错与性变态

在介绍完基础概念之后，《性学三论》第一论说的就是性倒错的问题。在这里我们需要记住弗洛伊德精神分析理论中的一个经典比喻：

"力比多就像一条滔滔不绝的河流，一旦主河床行不通，便只得在干涸的支流那儿寻求捷径。"

如果人生发展一帆风顺，我们的力比多就会如滚滚河水，最后都是两性交和，生儿育女，完成个人与族群的生存和繁衍之大业。但是，如果力比多的正常发展遇到阻力，性冲动无法正常宣泄，那么就可能引出各种问题，弗洛伊德称之为性倒错，有些版本的《性学三论》中直接把这部分翻译成"性变态"。大的方面，主要表现为两类问题：

一是力比多找错了性对象。在弗洛伊德的观念中，在恋母情结发生期间，如果力比多指向母亲却得不到母亲的回应，那么力比多的性对象就返回自身，形成自恋。在成年后，在性对象的寻求中容易找一个自我的替代人物，就是同性的人，即力比多就选择同性为性吸引力的来源，形成同性恋。如果力比多指向异性却得不到回应，便去寻找异性的替代物为性对象，形成恋物。比如一个男生喜欢某个女神，但对方爱理不理，对他不屑一顾，他爱而不得，就把女神的某一物品（如内衣）作为女神的替代物，变成自己的性对象加以痴恋，形成恋物癖。用弗洛伊德的观念来解释，中国传说中的狐仙女鬼之类的故事，其实是落寞书生找错了性对象的结果。

二是力比多找错了性目标。本来对人而言，作为繁衍的性目标很明确，就是两性交和，完成受精与受孕。但人的力比多在完成这一目标的过程中，形成了一些看似多余但实质有意义的目标。比如说亲吻，本来嘴唇是消化系统的一部分，跟怀孕和生产没有关系，但是这是人们常见的性目标之所在。过去某人轻轻一个吻，足以让人怀念到如今。当然对于有的人，力比多的性目标偏离得更多一些，形成了所谓的性偏差。性冲动的目标不在于对方的性器官，而在于身体的其他部位，形成足交、肛交之类的现象，甚至性冲动的宣泄与性目标的达成，换成了另外的形式，表现为施虐与受虐、偷窥与露阴，等等。

总之，弗洛伊德认为，当力比多找错了性对象和性目标，就引发了性倒错的问题。换言之，性冲动引发了性变态，他直言：

"性冲动是精神病唯一的、持续的，也是最为重要的力量源泉。"

既然每个人都有性冲动，每个人在性发展的过程中都不会处处顺利，那么每个人或多或少有点性变态就是正常的事了。至少随着社会的影响、文明的教化，每个人都会产生羞耻感、厌恶感，道德心理的发展一定会导致某种层面的性压抑，这可能就是性变态之源。正如弗洛伊德所言，"内心有压抑（道德感太强），正常性交有风险（无法接触正常性对象）"，力比多就容易偏离正常的性目标和性对象，形成性偏差、性倒错与性变态。

逐步发展：自恋到他恋

《性学三论》第二论主要谈的是幼儿性欲的问题。

弗洛伊德先谈到了幼儿是否有性欲的问题。当然与以往的研究者不同，弗洛伊德认为幼儿的性欲是存在的，但是因为幼儿期的遗忘的关系，人们回忆不起来，如此而已。而且就是因为和性行为有关，所以出现了幼儿期遗忘的现象，就像是一些不堪回首的往事人们不愿意提起一样。不仅在幼儿期存在性欲，而且弗洛伊德认为，幼儿期是性欲发展的关键时期。

既然幼儿性欲存在，那么它表现在哪里呢？接下来，弗洛伊德论述了幼儿性欲的种种表现。他举证说，比如你看幼儿吃奶之后红扑扑的脸庞、满意的笑容，这和成人性欲满足之后的表情是一样的。幼儿性欲主要表现为一种自体性欲，在自己的身上获得性满足。具体来说，在幼儿的最初阶段，幼儿性冲动的性对象是自己，而性目标是通过吮吸来获得食物和快感。这就是人最初的性欲存在的表现。换言之，在人类发展的过程中，最初的快感来源于嘴唇。

但是，随着个体的发展，快感区从嘴唇扩展出来，也在不断发展变化。快感区扩展到全身，性目标也随着发展四处转移，直到最后聚焦于成熟的性器官。这个过程就形成了弗洛伊德著名的性与人格发展的阶段说。

在弗洛伊德的学说中，性目标的变化可以把人格发展分成几个阶段，包括口欲期、肛门期、性器期、潜伏期以及最后的生殖期。在不同的时期内，快感的来源是不同的，不同的性冲动满足特性则形成了最终的人格变化。比如，在口欲期，快感来源于吮吸，如果顺利度过，则人格发展良好。如果某些原因，欲求没能得到满足，则可能最终形成贪得无厌的性格特征；但如果喂食太多，以至于需要吐食，长大后则有尖酸刻薄、好论是非长短的特征。与此类似，不同阶段的快感来源不同，欲求满足情况不同，则形成不同的人格特征，最终形成每个人独特的性格特征。

在人格发展的过程中，弗洛伊德重点诠释了幼儿性器期的恋母情结。其中的效应比较多，其实多源自人类的好奇心。尤其是在幼儿因为好奇心观察异性性器官的时候，这惊鸿一瞥引起了他们极大的心灵震动：

- 小男生的心思：她怎么没有，是不是被父亲阉割掉了，我正恋母仇父呢，看来父亲不好惹啊，别把我的也割掉。所以小男生产生阉割焦虑。

- 小女生的心思：怎么他有这个东西，我为什么没有？是我天生缺陷吗？我本来就是一个不完美的人，有这种东西，真让人羡慕。所以小女生产生阴茎嫉妒。

性器期是男生和女生发现彼此性器官差异的时期，也是恋父/恋母情结产生的时期，那么在这种情况下如何与父母相处呢？三人之间彼此互动的影响会带到成人世界里引起一系列人格发展变化。

性之成熟：青春期的整合

《性学三论》第三论讲的是青春期性心理的变化。在这一时期，青少年的性心理发展到了生殖期，他们有了成人的特性。性对象也从最初指向自身的自体享乐，转向客体的对象之乐。具体来说，一个人从自恋走向了他恋，性目标很明确地聚焦于与生殖有关的区域，力比多引发的性冲动也很明确，一切为生殖服务。

性冲动需要发泄，青春期男女的一个重要任务是寻找性对象。弗洛伊德认为，因为吮吸母亲的乳房是所有情爱关系的起点，所以人们在成人之后寻找性对象，就是要找到那种熟悉的感觉。

这样，童年与异性父母一方的互动及关系，便会对青春期性对象的选择造成影响：年轻男子往往会与成熟的妇人开始第一段恋情，年轻女子则倾慕年长、有威严的男人，因为这些人身上有其父母的影子，这些都是性器期乱伦倾向的后遗症。可以说，幼儿期对父母的依恋，是青春期性对象选择的最重要的参照，当然这不是唯一的决定因素。

以上就是弗洛伊德《性学三论》前三论的基本内容。

爱情抉择：禁欲与升华

在这三论之外的内容，人们常常称为性的爱情实践篇。不过，不同的《性学三论》版本选择的文章并不相同，所以我们在这里难以做出具体的框架性的解析，只能是分文章介绍。在本人私家解读的《性学三论》中，主要参考了徐胤所译，李银河作序，浙江文艺出版社（2015年）的版本。在这一版本中，除三论之外，主要谈了如下的话题：

- 男人在性对象的选择中有一种特殊类型：爱有夫之妇，对正派的女人反倒不感兴趣。原因何在？弗洛伊德认为还是恋母情结在作祟：因为个体幼年时感受到了母亲对自己的不忠，离开自己回到自己的丈夫身边。成年后爱上有夫之妇，实则是在报复母亲。非处女的妇人则是自己母亲的标记，而女人倒霉的丈夫则是自己幼年时父亲的象征。

- 真爱与肉欲的关系问题。弗洛伊德认为，爱分两类：天国之爱，纯真爱无邪念；尘世之爱，纯肉欲无真情。真爱与肉欲之间存在矛盾，一个男生对自己的女神，充满真情与崇拜，没有肉欲，因为女神不能亵玩，而只有对比自己低贱的女子才能施展雄风。因此，当男士娶到自己的女神时，往往会降低对方的身份，然后才能更好地享受两性欢愉，这被称为情欲生活中的一种降格。

- 文化的性道德与现代人的精神病。弗洛伊德认为，文明社会的性道德要求压抑人性，禁欲则导致精神病的产生，解决之道并非纵欲，而是通过升华创造更高的文明。在这里，文明是性压抑之源，同时也是力比多升华之果。

"语不惊人死不休"的性学观

今天的读者如何来阅读这本书，如何看待弗洛伊德当年的性学观呢？可以说，对于同一问题，从不同的角度出发，会得出不一样的结论。我从两个角度，谈谈个人的一些观点，供读者参考。

从科学的角度

从科学的角度看，弗洛伊德有一些性学观是与当下的科学共识相背离的，比如说对于同性恋的形成根源；有一些则是当下的科学仍然难以直接证实或者证伪的，比如说男孩的阉割焦虑、女孩的阴茎嫉妒；还有一些本来就不是科学问题，比如说性压抑与文明的关系问题。在弗洛伊德的叙述中，确实有一些臆断和想象的成分，有些观点带有鲜明的个人色彩，如关于神经症的来源问题。

国内有一些很有影响的心理学畅销书译作，如认知心理学家基思·斯坦诺维奇（Keith E. Stanovich）所著的《这才是心理学》，在此书中他多次批判弗洛伊德的理论的科学性不强，直言弗洛伊德已经成为当下心理学的背景板人物，似乎在科学界，弗洛伊德已经是一个人人喊打的人物，是心理学非科学取向的代表。

然而，在笔者看来，虽然弗洛伊德的研究及其观点并不符合传统的科学研究范式，但是我们不能就此否认弗洛伊德的全部。在认识到弗洛伊德的研究范式的局限性的同时，我们必须看到，近些年来，随着科学的进步，弗洛伊德的许多思想正被当下心理科学的发展所验证。换言之，许多当下热门的心理学研究（包括进化心理学和脑科学研究），其言论都是与弗洛伊德当初的观念相暗合的，比如力比多与催产素的关系、潜意识与内隐认知的关系，甚至一些从恋母情结推衍的命题也得到了它们的验证。这些内容，我们在解读这本书的时候都做了一些介绍，读者可以对照阅读，以更好地了解弗洛伊德的性学观在当下的价值。

从现实的角度

从现实应用与实践的角度来看，我们必须承认，弗洛伊德所倡导的精神分析依然是当下主流的心理咨询倾向之一。20 世纪 70 年代末期之后，医学及随后的心理治疗界掀起了"循证治疗"实践运动，强调医生必须依据已有的科学证据对制定治疗措施和实施治疗进行干预。在这期间，与人们想象的精神分析的科学性欠缺不同，基于弗洛伊德精神分析理念的心理动力学的许多治疗方案也得到了科学验证，弗洛伊德的一些性学观在现今的心理咨询实践领域仍体现出强大的生命力。

此外，每种心理学理论的价值都对应着它的时代和文化。在我们古老的东方文化内，许多现象是与弗洛伊德的观念相契合的（比如他对早期经验的强调、他对性与心理问题的强调等）。普通中国人在成长经历中确实充满着委屈，所谓成人不自在，自在不成人；还有性的烦恼，青春年少却因考学谋生的需要而性冲动得不到疏解，"国人五千年的性压抑"的结果就包含在喜宴中，包含在成长中，甚至包含在我们每一天的苦恼和困惑中。所以，"父母皆祸害""巨婴""原生家庭"等这些带有精神分析思想意味的概念的流传，无不暗示着弗洛伊德性学观在这片土地上的生命力。弗洛伊德懂中国人，中国人离不开弗洛伊德。

说句题外话，你可以去做一个小调查，你会发现，在国内流行的各种治疗技术中，受市场欢迎的治疗方案往往具有精神分析的背景。虽然躲进书斋的科学工作者常常在批判弗洛伊德，但现实是，弗洛伊德的观念在当下的中国，仍然有其强大的社会存在基础。了解中国人的内心世界，可以从弗洛伊德的理论开始。

总之，弗洛伊德的《性学三论》开辟了一个领域，提出了一系列问题，得到了大量的证实、证伪和关注，也将继续保持生命力，值得我们展卷阅读。

我们还需要提醒大家的是：弗洛伊德作为一名屡受科学界排挤的实践派的医生，在他的生存法则中，只有让更多的人知道他，才能更广泛地传播他的理念，所以他的一些言论，不管有意还是无意，都带有一些绝对化的"语不惊人死不休"的特性，偏激而深刻。

他这样做的原因，我觉得可以用鲁迅的《无声的中国》中的一段话来概括：

"中国人的性情是总喜欢调和，折中的。譬如你说，这屋子太暗，须在这里开一个窗，大家一定是不会允许的。但如果你主张拆掉屋顶，他们就会来调和，愿意开窗了。"

从某种意义上说，弗洛伊德就是那个主张拆掉屋顶的人。

【荣格成长书系】

神话是人类心灵的终极符号

《恋爱中的人》

活出真正幸福的
亲密关系

ISBN：978-7-5169-2556-0
定价：69.00 元

《拥抱阴影》

在心灵的黑暗之处掘金

ISBN：978-7-5169-2557-7
定价：55.00 元

《他与她》

看清你的性别真相
让生命迈向完整

ISBN：978-7-5169-2558-4
定价：59.00 元

扫码购书